U0797860

西南政法大学
刑侦40周年学子文库

教育部人文社会科学研究青年基金项目
(编号：15YJC820015)阶段性成果

刑罚正当性根据研究

Study on the Foundation of the Punishment Justification

郝英兵——著

法律出版社
LAW PRESS·CHINA

图书在版编目(CIP)数据

刑罚正当性根据研究／郝英兵著. -- 北京：法律出版社，2019
ISBN 978-7-5197-4006-1

Ⅰ. ①刑… Ⅱ. ①郝… Ⅲ. ①刑罚-研究 Ⅳ. ①D914.104

中国版本图书馆CIP数据核字(2019)第232224号

刑罚正当性根据研究
XINGFA ZHENGDANGXING GENJU YANJIU

郝英兵 著

责任编辑 李 群 董 昱
装帧设计 汪奇峰

编辑统筹 法规出版分社
出版 法律出版社
总发行 中国法律图书有限公司
经销 新华书店
印刷 中煤(北京)印务有限公司
责任印制 吕亚莉
开本 A5
印张 7.25
字数 178千
版本 2019年11月第1版
印次 2019年11月第1次印刷

法律出版社／北京市丰台区莲花池西里7号(100073)
网址／www.lawpress.com.cn
投稿邮箱／info@lawpress.com.cn
举报维权邮箱／jbwq@lawpress.com.cn
销售热线／400-660-8393
咨询电话／010-63939796

中国法律图书有限公司／北京市丰台区莲花池西里7号(100073)
全国各地中法图分、子公司销售电话：
统一销售客服／400-660-8393/6393
第一法律书店／010-83938432/8433 西安分公司／029-85330678 重庆分公司／023-67453036
上海分公司／021-62071639/1636 深圳分公司／0755-83072995

书号：ISBN 978-7-5197-4006-1 定价：38.00元
(如有缺页或倒装，中国法律图书有限公司负责退换)

西南政法大学刑侦40周年学子文库

编　委　会

主　任：吴钰鸿

副主任：胡尔贵

顾　问：周应德　邹明理　王成荣　胡世澄

主　编：马　方

副主编：倪春乐

编　委：管光承　任惠华　张仕权　胡尔贵
张翠玲　李启登　马　方　裘树祥
贾治辉　郑　海　郑晓均　张凌燕
陈如超　倪春乐　梁　坤

西南政法大学刑侦40周年学子文库

总　　序

1979－2019，滥觞歌乐、勠力渝北，经过40年的发展，西政刑侦正值壮年，沧桑历尽，前途似海！

巍巍歌乐不仅常怀隽永革命精神，也孕育了无数法学英杰。1979年，经公安部考察论证、教育部审批，我国教育史上的第一个侦查学本科专业滥觞于此，西政刑侦从此开篇；先后诞生了全国第一个犯罪侦查教研机构、全国第一个侦查学教授、全国第一部侦查学本科教材、全国第一本侦查学术期刊。1984年开始招收全国第一批侦查学方向硕士研究生。1999年在侦查学系的基础上组建刑事侦查学院，这是西南政法大学第一个本科学院。2000年在原司法鉴定专门化班基础上成立刑事科学技术专业。2002年增设治安学专业。2003年在法学一级学科下自主设置侦查学硕士学位授权点。2004年在法学一级学科下自主设置警察学硕士学位授权点。2005年开办经济犯罪侦查专业，同时受最高人民检察院委托，在侦查学专业基础上复办职务犯罪侦查专门化班。2013年侦查学、刑事科学技术专业入选重庆市本科“三特行动计划”特色专业建设项目。2015年经济犯罪侦查专业入选重庆市本科“三特行动计划”特色专业建设项目。

2016年治安学专业入选重庆市本科“三特行动计划”特色专业建设项目。2017年公安学入选重庆市高等学校“十三五”市级重点学科名单,并在法学一级学科下自主设立侦查学二级学科博士授权点。2018年在全国率先开办法学监察调查实验班。2018年侦查专业、刑事科学技术专业被评为重庆市一流专业。2019年经济犯罪侦查专业被评为重庆市一流专业。

刑事侦查学院作为我国最早开办侦查学本科专业的院系,作为我国首批国家级侦查专业人才培养试验区、国家级特色专业建设点、国家级实验教学示范中心、国家级司法鉴定机构所在院系,自侦查专业开办以来,无论是教学科研水平,还是人才培养质量都在我国公安司法理论界、实务界有着广泛的影响和声誉。以侦查学专业为代表的各公安类专业已经成为重庆唯一、西部领先、在全国有重大影响的专业,是“人无我有,人有我强,人强我优,人优我特”的特色专业。

自开办以来,侦查专业在人才培养上始终坚持强调“侦查+技术+法律”交叉融合,培养学生务实创新精神,兼有扎实的法律功底、深邃的侦查思维和娴熟的技术能力。为共和国培养了一大批忠诚、正直、勤奋、务实的卓越人才。

当前,在西南政法大学创建“双一流”的宏大潮流之下,刑事侦查学院不断推陈出新,在做精做强侦查学专业的基础上,积极回应国家战略人才需求,贴合学科发展实际,在全国率先开始国家安全学的学科探索,成为国内首家挂牌的国家安全学院。刑侦学院已再次扬帆起锚,必将再续辉煌。

点染江山四十年,寸缣不改旧风烟。自周应德、邹明理、陈祥印、胡世澄等前辈以降，一代代的刑侦人为之奋斗的不仅仅是“西政刑侦”这块金字招牌，也是共和国教育事业的不断革故鼎新。专业建设四十年，侦查学专业已培养了约12500名毕业生。他们中有副部级以上干部8人，厅局级80余人，教授近100人，副教授300余人。培养了公安部一级英雄模范芦振龙等一大批英雄模范，以杜航伟、刘跃进等为代表的侦查指挥人才及以全国优秀人民警察王志军、公安部审讯专家谭平等为代表的实务专家。当然，还有数以千计的刑侦人在各自战线上为国家的安宁、富强，社会的稳定、发展默默奉献着自己的热血、青春和才智。

在西南政法大学侦查学专业创建四十周年之际，西南政法大学刑事侦查学院汇聚天下西政刑侦人之学术智慧，推出此学子文库，既是以点滴学术成果为西政侦查学专业创建四十周年献礼，也是向西政刑侦历代前辈们致敬，更是对西政刑侦学院未来发展的美好祝愿。

四十年如指间沙漏，斗转星移，人面桃花，岁岁如新。四十年来不断变化的是学人面孔、理论依托，然而无论是歌乐山下抑或大峡谷畔，未变的是心系天下、聚焦实际的学术作风。西政刑侦征途任重道远，刑侦学子务必勠力同心！

是为序。

编　者

2019年　重庆　宝圣湖

目　录

第一章　刑罚正当性概念分析

刑罚正当性问题是刑法学中最根本的问题,没有之一。刑法学研究,最终都会归结为对刑罚正当性的说明和论证,即刑罚在何种情形下、以何种力量、何种方式来实施,才可能为人们所认可和接受。[①]

借用威廉·埃德蒙森的观点,我们可以将刑罚正当性问题区分为三重结构[②]:刑罚正当性的第一重结构,是寻找标准以判别刑罚正当性;第二重结构,是实质性的刑罚正当性理论,即能否真正建立起一套符合正当性标准的实质理论,也就是刑罚正当性根据理论;第三重结构,不是规范性理论,而是描述历史上存在过的各种关于刑罚正当性的观念与实践。笔者将研究的重点首先放在第一重结构上,分析刑罚正当性的概念,并在此基础上,探讨刑罚正当性根据理论,对于历史上存在过的各种关于刑罚正当性的观念

---

① 时延安:《刑罚的正当性探究——从权利出发》,载《法制与社会发展(双月刊)》2012年第2期。在此文中,时延安教授认为"正当性"相当于英文的"legitimacy",但认为正当性的含义要比legitimacy丰富得多,和正当性大致对应的英文单词不仅有legitimacy,还有其他的单词如justification、rightness、warranted等,是故将原文中的legitimacy删去后加以引用。

② 周濂:《现代政治的正当性基础》,生活·读书·新知三联书店2008年版,第8页。

与实践,则可以作为相关辅助材料予以一定程度的关注和考量。

第一节　刑罚正当性与亲缘关系概念的区别

在刑法学中,刑罚正当性概念并未受到应有的重视。大多数学者在没有认真分析刑罚正当性概念的情况下,就径直讨论刑罚正当性的根据,引起不必要的误解与混乱。分析其原因,主要是其将刑罚正当性概念和其他具有亲缘关系的概念混为一谈。这些与刑罚正当性具有"亲缘关系"的概念包括刑罚合法性、刑罚权正当性、刑罚合目的性、刑罚正义性、刑罚合理性。

一、刑罚正当性与刑罚合法性的区别

合法性与正当性是一对具有"亲缘关系"的概念。约翰·夏尔在《现代国家的正当性》一文中,列举了《牛津英语字典》《韦伯斯特字典》中关于正当性的定义。不管是《牛津英语字典》,还是《韦伯斯特字典》,都将"合法性"作为正当性的定义项之一。而合法性即指符合法律或者符合已经建立的法律形式和要求。[①] 在《汉语词典》中,合法性也是正当性的解释项之一。然而,刑罚正当性与刑罚合法性是不同的两个概念,将二者混同会引起误解,雅科布斯后期的刑罚学说即基于法规范的纯粹报应观点[②],就犯了这样的错误。

---

① 转引自周濂:《现代政治的正当性基础》,生活·读书·新知三联书店 2008 年版,第 11 页。

② [德]克劳斯·罗克辛:《刑事政策与刑法体系》,蔡桂生译,中国人民大学出版社 2011 年版,第 88 ~ 90 页。这里暂且指出雅科布斯观点的错误,本书的最后一章将具体论述雅科布斯的观点。

(一)刑罚正当性与刑罚合法性所处的层面不同

刑罚合法性问题主要讨论的是刑罚适用是否合法的问题,属于法律层面;而刑罚正当性问题主要讨论的是刑罚是否正当的问题,属于道德层面。刑罚正当性问题是在承认刑罚合法性的基础上,继续追问合法的刑罚正当吗?诚如黄荣坚教授所说,“刑法在一个民主国家里自然是确立国家刑罚权的依据,但是最后的根本问题在于,为什么国家要对人民动用刑罚”。①

法治不只是依法而治,更重要的是要依良法而治。亚里士多德早就说过:“法治应当包含两重含义,已成立的法律获得普遍的服从,而大家所服从的法律又应该本身是制定得良好的。”②从法治的提出来看,法治源于一种道德或政治假设,即法律的“善”、人性或权力的“恶”,去恶求善构成了法治发生的正当依据;从法治的价值设定来看,法治是人们追求“善治”的结果,人类选择了法治之后,又总是用道德尺度和力量塑造着法治的基本品格,因为道德性是人们对法治永恒的基本诉求。③ 刑罚正当性所追问的正是刑罚的道德性问题。刑罚不仅要具有合法性,而且还要在道德上获得证成。“所有的法哲学家都一致同意:刑罚的施加必须具有正当性。也就是说,即使在刑罚如何才能具有正当性上有诸多分歧,但至少都一致认为正当性是施加刑罚的必要条件。”④

---

① 黄荣坚:《基础刑法学》(上),中国人民大学出版社 2009 年版,第 8 页。

② [古希腊]亚里士多德:《政治学》,吴寿彭译,商务印书馆 1965 年版,第 167 页。

③ 汪太贤、艾明:《法治的理念与方略》,中国检察出版社 2001 年版,第 174 页。

④ [美]道格拉斯·胡萨克:《过罪化及刑法的限制》,姜敏译,中国法制出版社 2015 年版,第 127 页。

(二)合法的刑罚不一定正当

如果刑罚的合法性与正当性总是合一,那么刑罚正当性问题就没有讨论的必要。然而,实际的情况是,合法的刑罚不一定正当。从历史上看,古代的刑罚非常残酷,生命是廉价的。公元前1700年的古巴比伦《汉谟拉比法典》是现存最古老的刑法典,该法典规定:死刑几乎适用于所有犯罪。希伯来人更为节制一些:《摩西法典》中仅规定了15种可以判死刑的犯罪,包括谋杀、通奸、不贞、兽奸、亵渎、诅咒父母和实施魔法等。根据古罗马法,死刑适用于叛国、通奸、鸡奸、谋杀、奴隶伪造、贪污、部分类型的拐骗、诱奸和强奸。砍头是当时最常见的死刑执行方式。13世纪的英格兰,死刑适用于除报复伤害之外的所有重罪。死刑执行方式仅仅受限于当时的既有工具和司法制度"对恐怖的想象力"。在中世纪欧洲,被判处死刑的人还可能被剥皮、钉在尖桩上、喂昆虫或野兽、沉水、石击、钉在十字架上、焚烧、肢解、砍头、勒死、活埋、压死、水煮、车裂、枪杀、饿死和做炮灰。[①] 近现代以来,残酷的刑罚才逐渐被废止,但是在有些国家中残酷的刑罚仍然被保留了下来。除了这些残酷的刑罚外,还存在其他不正当但合法的刑罚类型,如变相的肉体刑、侮辱人格刑、不人道的犯罪人待遇等。这些刑罚都是合法的,但是不正当。既然刑罚的合法性与正当性并不总是合一的,那么就需要在合法性之外追问刑罚的正当性。

① [加拿大]西莉亚·布朗奇菲尔德:《刑罚的故事》,郭建安译,法律出版社2006年版,第4页。

（三）取消刑罚正当性的后果

如果刑罚的正当性对刑罚合法性不造成任何影响，那么站在当权者的立场上将刑罚正当性与刑罚合法性混为一谈也没有什么关系。然而，问题是：刑罚的不正当性会损害刑罚的合法性。虽然国家的刑罚权力是否有效不取决于其是否具有正当性，国家完全可以通过强制力、暴力推行和实施不正当的刑罚，但是这样的刑罚并不具有权威性，不能使人产生正当性的信念，获得人们的认同与尊重。出于恐惧的服从只会增加人们的机会主义倾向，并可能引发抵制与反抗，最终可能的结果是社会秩序的失落。那种靠暴力威胁、监视或者谎言来维持社会稳定的政体不仅会消耗更多的资源，而且必定会处于不稳定状态。正如当代社会主义学家罗德里克·马丁（Roderick Martin）指出，只有基于"权威"的服从才和"正当性"存在实质性的关系，因为只有权威才拥有"服从和要求的服从"的"权利"而非权力。① 对此，卢梭说得更加明白，"即使最强者也不能总是强大得足以永远作主人，除非他把权力转化为权利以及把服从转化为义务"。②罗伯特·阿列克西主张"法律必须包含着正确性诉求，并且这种诉求包含了一种对道德正确性的诉求"的理由也在这里。因为"诚然，法律可以蜕化为仅依靠行使野蛮暴力的体制，但是，这样一个体制将不再是一个法律体制，而是，相反的，一个赤裸裸的权力关系的体制"。③

---

① Roderick Martin, The Sociology of Power (Routledge & Kegan Paul, 1977), p. 42.

② ［法］卢梭：《社会契约论》，何兆武译，商务印书馆2001年版，第12～13页。

③ ［德］罗伯特·阿列克西：《法律的双重性质》，载《中外法学》2010年第3期。

二、刑罚正当性与刑罚权正当性的区别

刑罚正当性与刑罚权正当性是意思相近的两个概念。关于二者之间的关系,刑法学界存在两种截然相反的观点。

(一)刑罚正当性与刑罚权正当性的含义相同

一种观点认为,刑罚正当性与刑罚权正当性含义完全相同,二者之间可以替换使用。例如,有学者在其前一部著作中,探讨的是刑罚权正当性的根据问题,而在其后一部著作中探讨的则是刑罚正当性的根据问题,而对这两个问题探讨所得出的结论均是报应与功利(预防犯罪)的统一。①如果不是该学者的前后观点发生质的变化,那么他就是将刑罚正当性等同于刑罚权正当性。还有学者虽然未将报应与功利视为刑罚权正当性的两个根据,却将报应与功利视为其他学者所持的关于刑罚权正当性根据的观点,并且未对刑罚权正当性的根据与刑罚正当性的根据加以必要的区分。②这实际上是承认了刑罚正当性与刑罚权正当性概念的等同。

(二)刑罚正当性与刑罚权正当性的含义截然不同

与之相反,另一种观点则认为,刑罚正当性与刑罚权正当性的含义截然不同。“二者有其不同的内涵,本不是同一类事物。如果不加分辨、不加说明地将二者混为一谈,第一,不符合对事物进行

---

① 邱兴隆在其与许章润合著的《刑罚学》(1988 年出版)一书中,探讨了刑罚权正当性根据问题;而在其独著的《关于惩罚的哲学:刑罚根据论》(2000 年出版)研究的则是刑罚正当性根据问题。作者得出的结论都是报应与功利的统一。

② 高铭暄、马克昌主编:《刑法学》(上编),中国法制出版社 1999 年版,第 403 页;马克昌主编:《刑罚通论》,武汉大学出版社 1999 年版,第 22 ~ 24 页。

分类的科学标准,第二,容易导致认识上的混乱,显然不妥。”[①]持该观点学者给出的理由是:第一,从字面含义来看,刑罚正当性根据与刑罚权正当性根据是明显不同的。前者指的是一种惩罚方法存在的理由,后者指的是一种权力存在的理由。第二,刑罚正当性的根据是以报应论、功利论(预防论)以及并合论为探讨内容,而刑罚权正当性的根据则是以天命说或者神权说、契约说、命令说或国家统治说等为探讨内容。

(三)刑罚权正当性包含刑罚正当性

笔者认为,上述两种观点都具有一定的合理性,但都失之于片面。第一种观点将刑罚正当性等同于刑罚权正当性,看到了二者之间相同的方面,而忽视了二者之间不同的方面;第二种观点主张刑罚正当性与刑罚权正当性截然不同,注意到了二者之间不同的方面,而否定了二者之间相同的方面。

刑罚权是一个复合概念,既指刑罚权力本身,又指刑罚权的内容。而刑罚权的内容就是刑罚,即国家制定、适用刑罚。[②] 因此,刑罚权的正当性包括两个方面:一方面是刑罚权本身的正当性,即从刑罚权的来源、程序方面来论证其正当性;另一方面是刑罚权内容的正当性,即从刑罚权的内容方面来论证其正当性,也就是刑罚正当性。只有在这两个方面都具有正当性的情况下,刑罚权才具有正当性。马克昌教授在《刑罚通论》一书中关于刑罚权正当性根据的论述就既包括刑罚权本身的正当性根据又包括刑罚正当性根据

---

① 高铭暄、赵秉志主编:《刑罚总论比较研究》,北京大学出版社 2008 年版,第38 页。

② 马克昌主编:《刑罚通论》,武汉大学出版社 1999 年版,第 16 页。

这两方面内容。[①] 换句话说,刑罚权正当性不仅取决于刑罚正当性,而且还取决于刑罚权本身的正当性。当刑罚不具有正当性,那么刑罚权亦不具有正当性;当刑罚具有正当性,则刑罚权不一定具有正当性。因为即使刑罚具有正当性,但是国家以不正当的程序制定和适用刑罚,那么刑罚权仍然不具有正当性。

由此可得出结论:刑罚正当性包含于刑罚权正当性之中,是刑罚权正当性的构成要素。从构成要素的功能上来看,刑罚正当性是刑罚权正当性的必要条件,而非充分条件。

三、刑罚正当性与刑罚合目的性的区别

从字面上看,刑罚正当性与刑罚合目的性显然是不同的两个概念。但是刑法学界的不少学者却主张刑罚正当性实质上就是刑罚合目的性。他们认为,关于刑罚正当性根据的讨论其实就是关于刑罚目的的讨论,刑罚的正当性取决于刑罚目的的正当性。换句话说,只要能够证明刑罚目的具有正当性,那么就证明了刑罚具有正当性。这种观点实际上是将刑罚正当性等同于刑罚合目的性。将刑罚正当性等同于刑罚合目的性的观点粗看起来有一定道理,但认真分析就会发现存在的问题。

(一)报应不是目的

如果刑罚正当性就是刑罚合目的性,那么关于刑罚正当性根据的讨论就应该都是关于刑罚目的的讨论。照此理解,刑罚报应论、刑罚预防论都应该是关于刑罚目的的学说。有些学者也确实

---

① 马克昌主编:《刑罚通论》,武汉大学出版社 1999 年版,第 20 页。

主张,报应是刑罚目的的一种。[①] 然而,预防论主张的预防犯罪可以说是刑罚的目的,报应却很难说是刑罚的目的。一般来说,目的指向行为的后果,是追求什么好处的意思。例如,有些学者指出,惩罚犯罪不是刑罚的目的,因为惩罚犯罪不是刑罚所追求的效果,而是实现所追求效果的手段。[②] 所谓"以眼还眼,以牙还牙"的报应,只是表达了一个"我要用刑罚!"的行为态度,[③]而不是说刑罚有什么好处。换句话说,报应只是要求必须对犯罪人施以刑罚,至于会产生什么样的后果,不在考虑的范围之内。作为报应论者的康德对此有过论述,他说:"法院的惩罚绝对不能作为促进另一种善的手段,不论是对犯罪者本人或者对公民社会。惩罚在任何情况下,必须只是由于一个人已经犯了一种罪行才加刑于他。"[④]在康德看来,目的不能表明刑罚的正当性,只有报应才是刑罚正当性的根据。因为报应体现了公共正义的要求,符合平等的原则。[⑤] 康德的论述表明,报应不属于目的范畴。张明楷教授也曾指出,报应论与预防论的诸多分歧不在于刑罚目的,而在于刑罚正当化的根据,以为"报应刑论主张刑罚的惟一目的是报应,除此之外没有其他任何目的"的主张其实是一种误解。[⑥]

如果非要将报应归为目的范畴也不是不可以,那就需要拓宽"目的"的含义而不限于通常的理解,结果可能是造成"目的的概念

---

① 陈兴良:《刑罚目的新论》,载《华东政法学院学报》2001 年第 3 期。
② 曲新久:《刑法预防论要》,载《环球法律评论》2008 年第 1 期。
③ 黄荣坚:《基础刑法学》(上),中国人民大学出版社 2009 年版,第 6 页。
④ [德]康德:《法的形而上学原理》,商务印书馆 1991 年版,第 164 页。
⑤ [德]康德:《法的形而上学原理》,商务印书馆 1991 年版,第 165 页。
⑥ 张明楷:《新刑法与并合主义》,载《中国社会科学》2000 年第 1 期。

具有令人困惑的多重含义”①,引起不必要的误解与混乱。权衡利弊,还是保持对“目的”的通常理解为好,将报应排除在刑罚目的范畴之外。

（二）合目的的刑罚不一定正当

如果刑罚的正当性就是合目的性,即将合目的性作为刑罚正当性的判准,那么合目的的刑罚一定正当。换句话说,如果刑罚目的具有正当性,那么刑罚就具有正当性。这显然与常识不符。人们通常认为以目的证明手段的方法忽视了手段本身正当性的问题。② 从目的—手段分析框架来看,行为的正当性不仅取决于目的是否正当,而且还取决于其本身是否正当。如果只有正当目的,那么还不能判断行为就是正当的。俗话说,君子爱财取之有道。君子爱财没什么错,但是如果采取不正当的方法取财,则其行为就是不正当的。

同理,刑罚正当性不仅取决于刑罚目的正当性,而且也取决于刑罚本身的正当性。③ 例如,为追求震慑效果的严酷刑罚,即使能够达到预防犯罪的目的,也不能被认为是正当的。福柯在《规训与惩罚》一书的开头介绍了这样一场惩罚表演。1757 年 3 月 2 日,达米安（Damiens）因谋刺国王被判处“在巴黎教堂大门前公开认罪”,“他被送到格列夫广场。那里搭起刑台,用烧红的铁钳撕开他的胸

① ［德］帕夫利克:《人格体·主体·公民——刑罚的合法性研究》,谭淦译,中国人民大学出版社 2011 年版,第 4 页。

② 《杜威全集》（中期著作第 14 卷）,罗跃军译,华东师范大学出版社 2012 年版,第 139 页。

③ ［日］曾根威彦:《刑法学基础》,黎宏译,法律出版社 2005 年版,第 53 ~ 54 页。

膛和四肢上的肉,用硫磺烧焦他持着弑君凶器的右手,再将熔化的铅汁、沸滚的松香、蜡和硫磺浇入撕裂的伤口,然后四马分肢,最后焚尸扬灰”。[①] 以当代的视角来看,不管出于什么样的正当目的,对达米安适用这样残酷的刑罚都不应该被认为是正当的。也许这个例子有点极端,但是它能够简单明了地说明问题,即有正当目的的刑罚不一定正当。哈特认为刑罚正当性问题包括两个子问题:一是总的刑罚正当目的问题,二是刑罚分配问题。[②] 前者是刑罚目的正当性问题,后者是刑罚本身正当性问题。哈特实际上是在表明,刑罚正当性问题不仅是目的正当性问题,而且也是手段正当性问题,手段正当性问题独立于目的正当性问题。要使刑罚成为完全正当的,目的与手段都要正当。[③]

(三)从预防论推不出刑罚正当性概念

之所以有不少学者将刑罚的正当性等同于合目的性,可能主要是受刑罚预防论的影响。预防论主张刑罚的目的即预防犯罪是刑罚正当性的唯一根据。既然刑罚目的是刑罚正当性的根据,那么刑罚的正当性概念当然就是合目的性。从表面上看,这一推论符合逻辑。然而认真分析就会发现,这一推论混淆了“概念”与“观念”。罗尔斯在《正义论》中区分了正义的概念与观念。他认为,正义的概念就是指不作任意的区分和恰当平衡;而公平是一种正义的观念,是对“任意的区分和恰当平衡”的一种特殊观点。前者是

① [法]米歇尔·福柯:《规训与惩罚》,刘北成、杨远婴译,生活·读书·新知三联书店2012年版,第3页。

② [英]H. L. A. 哈特:《惩罚与责任》,王勇、张志铭、方蕾等译,华夏出版社1989年版,第4~9页。

③ 邱兴隆:《刑罚的哲理与法理》,法律出版社2003年版,第311~312页。

形式的、一般的标示道德的指称,后者则是实质性的、阐明道德内容的各种特殊观点。[①] 从刑罚目的是刑罚正当性的唯一根据,推出的结论不是刑罚正当性概念而是一种关于刑罚正当性的特殊观念。预防论不是认为刑罚的正当性概念就是合目的性,而是主张刑罚的正当性应当取决了合目的性。刑罚合目的性是关于刑罚正当性的一种特殊观念,而不是对刑罚正当性概念的描述。认识到观念不同于概念这一点很重要,因为混淆了观念与概念会将只是关于概念的一种观念误认为是概念的全部内容,从而将其他观念排除在外,导致独断论。

四、刑罚正当性与刑罚正义性的区别

与主张刑罚正当性就是刑罚合目的性的观点不同,有些学者认为刑罚的正当性只能从刑罚本身来加以说明。如康德、黑格尔、宾丁等人都主张刑罚的本质是报应,而报应即正义,是刑罚正当性的唯一根据,与刑罚目的无关。日本学者大场茂马博士对此有过清楚阐述:"'刑罚是作为对犯罪(罪责)的报应加于行为者的痛苦',必须是'正义报应',即'对行为者欲为的意思与其所为的行为的正当的报应。'不要将此与刑法的目的,即'保护生活利益与维持法律秩序'相混同。"[②]这些学者之所以主张刑罚的本质即报应是刑罚正当性的唯一根据,其实暗含了关于刑罚的正当性概念主张,即正义性。刑罚是否具有正当性关键是看其是否符合正义的要求。报应符合正义的要求,因此它是刑罚正当性的唯一根据。将刑罚的正当性等同于正义性的观点与将其等同于合目的性的观点犯了

---

① 何怀宏:《公平的正义》,山东人民出版社 2002 年版,第 43 页。

② 转引自马克昌:《论刑罚的本质》,载《法学评论》1995 年第 5 期。

类似的错误。

（一）刑罚预防论被排除在外

在刑法学中，刑罚预防论一直是关于刑罚正当性根据的重要理论。如果将刑罚的正当性等同于正义性，那么预防论将被排除于刑罚正当性根据学说之外。因为预防论主张预防犯罪是刑罚正当性的根据，与刑罚是否正义无关。虽然正义是具有感情色彩的“大词”，可以从多个角度、方面来解读，被人认为是“具有着一张普洛透斯似的脸，变化无常、随着可呈不同形状，并具有极不相同的面貌”。[①] 甚至有些功利主义者从功利的角度来界定正义，如密尔。[②] 但是通常所说的正义是与功利、目的、后果等概念是无关的，甚至是排斥的，而更多的是与自由、平等、权利等概念相关。报应论者就是在通常意义上使用正义概念的，从而否定刑罚目的或功利后果作为刑罚正当性的根据。

现在的问题是，如果预防论被排除在刑罚正当性根据学说之外，预防论与报应论所争论的又是什么？预防论与报应论之争是真实存在的事实，这一点不容否认。既然预防论所论证的不是刑罚正当性，那么自然就会追问它与报应论争的是什么。是不是需要在刑罚正当性概念之外再创一个概念，以便清楚表明报应论与预防论争的是什么？笔者认为，在刑法学中创造一个新概念不是不可以，但是成本太高，需要冒很大的风险。因为这样不仅需要对刑法学史进行重述，而且还要对刑法学知识体系进行重构，是否成

① ［美］E. 博登海默：《法理学——法哲学及其方法》，邓正来、姬敬武译，华夏出版社 1987 年版，第 8 页。

② 曲新久：《刑法的精神与范畴》，中国政法大学出版社 2003 年版，第 90 ~ 91 页。

功、能否被人所接受都是未知数。

(二)正义的刑罚不一定正当

如果正义性是刑罚正当性的判准,那么正义的刑罚一定正当。而所谓正义的刑罚就是指遵循正义原则所要求的刑罚。如报应论所主张的那样,犯罪人应当受到惩罚,且应当受到与其犯罪危害程度相当的惩罚,这是正义原则的要求,因此只有这样的刑罚才是正当的。

前文指出,从目的—手段框架来看,行为的正当性不仅取决于目的正当性,而且还取决于手段正当性。因此目的正当证明不了行为的正当性。反过来说,手段正当也不能证明行为的正当性。承认手段确实有其不依附于目的的独立正当性是一回事,以为手段正当可以证明行为的正当性则是另外一回事。手段总要服务于一定的目的,如果不考虑目的,那么还要手段干什么。手段再正当,再完美,也不能代替目的正当性的思考。试想,一个医德很好的医生,他的治疗行为完全符合规则,无可挑剔,但就是能力有限,治疗效果差。这样的医生会被认为是好医生吗?他的医疗行为会被认为是正当的吗?人们会愿意让这样的医生治疗吗?答案应该是否定的。同理,无效的刑罚很难说是正当的,即使其遵循了正义规则。不仅如此,报应正义还可能导致不必要的、严厉的刑罚。曾经发生这样一个案件,犯罪人与被害人是夫妻关系,被害人因有外遇,经常殴打虐待犯罪人,犯罪人在忍无可忍的情况下,趁被害人酒后熟睡之际,用铁锤击打被害人头部,致其死亡。如果按照报应正义的要求,故意杀人既遂的犯罪人都应当判处死刑,而不管是出于什么样的原因,那么这个案例中的犯罪人就应当被判处死刑。但是,就全案的情况来看,判处犯罪人死刑显然不必要且过于严厉。该案件的审理法官并没有严格按照报应正义的要求判处犯罪人死刑,而是判处其有期徒刑 10 年。与死刑相比,判处案例中的犯罪人 10 年有期徒刑显然更可取。

(三)正义性作为刑罚正当性的一种观念

正义性不是刑罚正当性的概念,而是关于刑罚正当性概念的一种观念。关于概念与观念的区别前文中已经论述,这里不再赘述。以“正义”定义“正当”其来有自。在伦理学中,历来就存在道义论,它认为行为正当与否,取决于行为是否遵循正义的规则或准则。这种以“正义”定义“正当”的做法不是通过对正当性概念分析所得出的结论,而是根据规范性或实质性的哲学理论提出的主张。换句话说,正义性是对正当性概念的一种规范性、实质性的主张。它不属于正当性的概念分析层面,而是属于正当性的观念判断层面。同样,刑罚正义性也不是刑罚正当性的概念,而是关于刑罚正当性概念的一种特殊观念。既然刑罚正义性是刑罚正当性的一种特殊观念,就应当承认还有其他关于刑罚正当性的特殊观念。刑罚合目的性就是另外一种关于刑罚正当性的特殊观念。因此,预防论也是关于刑罚正当性根据的学说,而不应该如报应论者所认为的那样,被排除在刑罚正当性根据学说之外。

五、刑罚正当性与刑罚合理性的区别

人们普遍认为,要证明一个行为的正当性就是要表明它的理由。[①] 可能是这个缘故,有些学者认为要论证刑罚的正当性就是要

---

① [美]托德·莱肯:《造就道德——伦理学理论的实用主义重构》,陶秀傲等译,北京大学出版社 2010 年版,第 18 页。

表明国家惩罚犯罪人的理由是什么。[①] 换句话说，刑罚的正当性即合理性。而合理性就是指合乎理性或理由的状态。需要说明的是，行为的理由本身就包含着价值要素。没有价值的理由不能成为行为的理由。[②] 从外延上看，理由包含预防犯罪与报应。预防犯罪与报应都可以成为刑罚的理由。将刑罚的正当性等同于合理性似乎优于合目的性与正义性。至少不会出现将“源头最远、路程最长且至今生命力最旺”的报应论[③]或者是与之长期竞争的预防论排除在刑罚正当性根据学说之外的尴尬。尽管如此，主张刑罚的正当性就是合理性的观点还是存在问题。

（一）合理的刑罚不一定正当

前文已经分析指出，合目的的刑罚不一定正当，正义的刑罚也不一定正当。而刑罚目的、报应正义均可以成为刑罚的理由，因此可以得出结论，即合理的刑罚不一定正当。关于这一点还可以从另外的角度来说明。如果一个行为只有支持的理由而没有反对的理由，那么表明（支持的）理由确实能够证明该行为的正当性。然而，通常情况下，一个行为既有支持的理由，也有反对的理由。在这种情况下，只是表明（支持的）理由，不管是一个还是多个，都不能证明这个行为的正当性。因为反对一个行为的理由的力量可能强于支持该行为的理由的力量。当一个行为的反对理由的力量强于支持理由的力量时，该行为就不可能是正当的。在日常生活中

---

① 高铭暄、赵秉志主编：《刑罚总论比较研究》，北京大学出版社 2008 年版，第 38 页。

② 龚群、陈真：《当代西方伦理思想研究》，北京大学出版社 2013 年版，第 86 页。

③ 邱兴隆：《刑罚的哲理与法理》，法律出版社 2003 年版，第 133 页。

经常会有这样的说法：从某方面来看，这样做具有一定的合理性，但是综合各方面因素来看，这样做还是不正当的。这个日常说法并不前后矛盾，它恰恰表明：有（支持的）理由的行为不一定是正当的。具体到刑罚，预防犯罪是适用刑罚的理由，这没有什么疑义。但是，如果只考虑预防犯罪的需要，而忽略对个人权利和尊严的保护，就可能导致过于严苛的刑罚，对个人的权利和尊严造成损害。这样的刑罚显然不正当。

（二）合理的诸刑罚不能均正当

假定"要证明一个行为的正当性就是要表明它的理由"是正确的，那么以之为前提可以作出这样的推论：只要是有理由的行为就是正当的，不管是一个还是数个。随之而来的问题就是：当有理由的行为不是一个而是数个时，是否意味着这些存在差异的行为都是正当的？就具体的刑罚适用来说，基于报应之理由，对犯罪人适用的刑罚要与其所犯罪行相当；而基于刑罚目的之理由，对犯罪人适用的刑罚要与预防犯罪相适应。由于适用刑罚的标准不同，对同一个案件中的犯罪人基于报应适用的刑罚与基于预防犯罪需要适用的刑罚就会有所不同。但是，不管是基于报应还是基于预防犯罪需要适用的刑罚都是有理由的。如果刑罚的正当性就是刑罚的合理性，那么适用这两个不同的刑罚就都是正当的。但是这个结论显然不妥。如果对同一个案件中的犯罪人既可以适用这个刑罚，又可以适用那个刑罚，完全取决于法官个人好恶或随机选择，那么如何体现刑事司法的公平和公正呢？

（三）并合论论证的不是刑罚合理性

如果刑罚的正当性就是合理性，那么作为刑罚正当性根据学说之一的并合论论证的就应当是刑罚合理性。但是,并合论论证的不是刑罚合理性。报应论和预防论可以被看作分别以报应和预防犯罪为理由论证刑罚的合理性。但是,并合论却不能被看作以报应和预防犯罪为理由论证刑罚的合理性。因为并合论不仅主张报应和预防犯罪都是刑罚的理由,而且还主张“报应限制功利(预防)”,即认为报应的理由优先于预防犯罪的理由。在相互竞争的理由之间进行比较与权衡,已经超出了合理性的范畴。合理性问的只是行为是否有理由,至于哪一个理由更好,应当依据哪个理由行为,是合理性之外的问题。是故,如果刑罚的正当性就是合理性,那么并合论就要被排除在刑罚正当性根据学说之外。反之,如果认为并合论是关于刑罚正当性根据的学说,那么刑罚的正当性就不等于合理性。

上文分析表明,刑罚正当性与刑罚合法性、刑罚权正当性、刑罚合目的性、刑罚正义性以及刑罚合理性都是有区别的。刑罚正当性与刑罚合法性属于不同的层面,刑罚不具有正当性可以削弱刑罚合法性;刑罚正当性是刑罚权正当性的一个维度或部分,并且是最深层次的部分;刑罚合目的性、刑罚正义性是关于刑罚正当性的观念,是对刑罚正当性概念的实质看法;刑罚合理性则是刑罚正当性的功能性构成要素,是刑罚正当性的必要条件。

第二节　刑罚正当性的含义与结构

在前文的论述中,笔者已经或多或少谈到刑罚正当性的含义。这里要做的是选择一种有效的概念分析方法,将前文那些分散的关于刑罚正当性含义的内容收集起来,加以全面地阐述。由皮尔斯所提出,并被后人加以完善和发展的“实用主义准则”被认为是有效的“弄清楚一些难解的词或者抽象概念的意义的方法”[①]。简单地说，实用主义准则就是主张概念的意义在于它的实际效果。皮尔斯说：“考虑一下你的概念的对象具有什么样的、可以想象的、具有实际意义的效果。那么，你关于这种效果的概念就是你关于这个对象的概念的全部。”[②]当代的实用主义者布兰顿认为传统的实用主义准则存在问题，不能全面分析概念或信念的含义。他主张概念的意义是由它在语言使用中扮演的推论角色赋予的。“一个人是不是在使用语言，就看他能不能用语言扮演某种推论角色。知道如何‘做’即是知道如何推论；只有知道了如何推论，才算知道了如何使用语言。”[③]而推论角色包括两个方面：一方面是在推论中所扮演的前提角色，另一方面是作为推论的后果。实用主义准则只关注到概念所扮演的前提角色，而忽略了概念作为推论后果的一面。[④] 经过布兰顿改造与完善后的实用主义准则能够更全面地分析概念的含义，为分析刑罚正当性概念提供了有力工具。

一、刑罚正当性的含义

（一）扮演前提角色的刑罚正当性

分析扮演前提角色的刑罚正当性的含义，首先需要明确从刑罚正当性能推出什么结论。

---

① 涂纪亮编：《皮尔斯文选》，涂纪亮、周兆平译，社会科学文献出版社 2006 年版，第 44 页。

② 涂纪亮编：《皮尔斯文选》，涂纪亮、周兆平译，社会科学文献出版社 2006 年版，第 12 页。

③ 陈亚军：《将分析哲学奠定在实用主义的基础上——布兰顿的语言实用主义述评》，载《哲学研究》2012 年第 1 期。

④ 陈亚军：《超越经验主义与理性主义》，江苏人民出版社 2014 年版，第 257 页。

首先,从某个刑罚具有正当性能推出,该刑罚被认为是正确的、适当的。换句话说,某个刑罚具有正当性意味着该刑罚被认可和接受。某个刑罚无论有多少理由支持它,如果不被人们所认可和接受,也不能说该刑罚具有正当性。只有在被认可和接受的情况下,才能说这个刑罚具有正当性。举例来说,某行为人犯了杀人罪,基于报应理由行为人要被判处死刑。但是,如果判处该行为人死刑不能被认可和接受,那么即使是有报应理由,也不能说是正当的。至于为什么不认可、不接受这个刑罚,理由可能是多种多样的,这不影响上述推论的有效性。

其次,某个刑罚具有正当性不仅意味着该刑罚被认可和接受,而且意味着理性的认可和接受。某个刑罚被认可被接受可以有很多的原因。除了基于理性的认可和接受之外,还有暴力、欺骗、利诱等。不过,基于暴力、欺骗、利诱等原因被认可和接受的某个刑罚不能说是正当的。只有基于理性认可和接受的某个刑罚才会被说成正当的。

现在可以得出这样的结论,即说某个刑罚具有正当性意味着该刑罚能够被理性地认可和接受。是故,扮演前提角色的刑罚正当性就是指刑罚所具有的理性认可能力。因为刑罚的正当性是刑罚所具有的理性认可能力,所以某个刑罚具有正当性才会意味着该刑罚能够被理性认可和接受。

(二)作为推论后果的刑罚正当性

在什么样的条件下,才能说刑罚具有正当性?或者说是刑罚具有理性认可的能力?这是把握刑罚正当性概念的关键,也是分析刑罚正当性概念的意义所在。光知道刑罚正当性是获得理性认可的能力不能指导实践,而只有清楚刑罚正当性的判准才具有实践价值。刑罚正当性的判准包括以下三个方面：

第一，正当的刑罚一定有理由。有理由的刑罚不一定正当，但正当的刑罚一定有理由。如果正当的刑罚没有理由，它就不可能具有理性认可的能力，也就不能被理性地认可和接受。只有通过陈述理由获得的理性赞同和认可才可以说是“应该”被赞同和认可。而通过暴力、欺骗、利诱等其他方式获得的赞同和认可，虽然也实际获得了赞同和认可，但却不能说成“应该”被赞同和认可。当一个行为被说成正当的，人们通常会问：这么说的理由是什么？如果给不出理由，那么这个行为的正当性就会受到质疑。正因如此，“对正当的道德的辩护最终会涉及对实践理性或行动理性的考察”。[①] 为证明一个行为的正当性，人们总是提出各种各样的理由，其中也包括目的和正义。不能想象有一个行为被认为是正当的，但没有理由。同样，也不能想象没有理由的刑罚会被认为是正当的。不管是立法意义上还是司法意义上的刑罚，都需要有理由证明其正当性。

第二，正当刑罚的支持理由强于反对理由。有理由是正当刑罚的必要条件，但不是充分条件。不正当的刑罚也可能有理由。暂且从一个日常的例子入手来说明这个问题，父母对犯了错误的子女施以过于严厉的惩罚。父母当然有理由惩罚犯错的子女，但是过于严厉的惩罚显然不是正当的。父母对子女施以过于严厉的惩罚，可能会对受惩罚的子女造成严重的心理伤害，不利于子女的心理健康与成长。在这种情况下，因为施以过于严厉惩罚的反对理由强于支持的理由，所以它被认为是不正当的。这种情况和刑

---

① 龚群、陈真：《当代西方伦理思想研究》，北京大学出版社 2013 年版，第 85 页。

罚预防论类似,预防论之所以遭受质疑很重要的一点就是担心其导致重刑主义。重刑主义不是没有理由的,“以刑止刑”一直是为重刑主义辩护的理由。但是,反对重刑主义的理由更充分、更强。重刑主义不仅会损害正义、侵害人权,而且可能会遭到民众的抵制与反抗。因此,刑罚的支持理由一定要强于反对理由,否则就是不正当的。

第三,正当的刑罚在诸合理刑罚中最优。就一般的行为来看,支持理由强于反对理由也只是正当行为的必要条件,而非充分条件。因为在具体情境中,可能同时存在多个支持理由强于反对理由的行动方案。如果这些行动方案都是正当的,都被赞同和认可,那么应该选择哪一个呢?简单地回答就是,选择那个最优的方案。因为这个方案在当时可供选择的诸方案中是最优的,所以它是正当的,应该被选择实施。正如实用主义者所言,“证明正当性的过程就是证明,提出的解决方案在实践上优于当时所能想像的有限的、具体的可供选择的方案”。[①] 就具体适用的刑罚而言,也可能存在多个合理的刑罚,只有那个被判断为在诸种合理的刑罚中最优的刑罚才是正当的,应该获得赞同和认可。至于以什么标准来判断哪个具体适用的刑罚最优,则属于刑罚正当性的根据问题,需要进一步的探讨。

只有满足以上三个条件的刑罚才能被认为是正当的。这三个条件不是平行的关系,而是层层递进的关系,后一条件以前一条件的满足为前提。换句话说,只有在前一条件满足的情况下,才谈得上后面的条件。如果前一条件没有满足,则可以直接认定刑罚不

---

① [美]理查德·A. 波斯纳:《法律、实用主义与民主》,凌斌、李国庆译,中国政法大学出版社 2005 年版,第 67 页。

具有正当性。如果把前两个条件视作第三个条件的功能结构性要素,那么可以将刑罚的正当性等同于最优选择性。

总而言之,将要实施或已经实施的刑罚是在所有可能的选项中为最优的时候,它才是正当的。只有正当的刑罚才是应该被适用的刑罚,才是应该得到理性认可和赞同的刑罚。

二、刑罚正当性的结构

作为一个总论题,刑罚正当性问题既要探讨一般的刑罚正当性问题,又要探讨个别的刑罚正当性问题。因此,刑罚正当性概念包括一般的刑罚正当性概念和个别的刑罚正当性概念。在前文中我们关于刑罚正当性概念的分析,并没有明确区分一般的刑罚正当性和个别的刑罚正当性,而是笼统地加以分析,并且侧重于个别的刑罚正当性的分析。这主要是为了突出刑罚正当性概念与相关概念的区别与不同。现在,我们就一般的刑罚正当性与个别的刑罚正当性概念进行辨析。

(一)一般与个别的刑罚正当性的含义

一般的刑罚正当性概念以一般的刑罚概念为前提。什么是一般的刑罚?在这里需要借鉴张明楷教授关于一般的刑罚权的表述。一般的刑罚权是指只要发生犯罪,国家就可以对犯罪人实行刑罚惩罚这种一般抽象意义上的刑罚权。[①] 参照此一定义,一般的刑罚就是指只要发生犯罪,国家就可以对犯罪人实行刑罚惩罚这种一般抽象意义上的刑罚。一般的刑罚相当于刑罚这类制度或措施。一般的刑罚正当性所追问的是:刑罚这类制度存在正当吗?

---

① 张明楷:《刑法学》,法律出版社 2011 年版,第 453 页。

换句话说,为什么国家要对犯罪人适用刑罚?

个别的刑罚正当性概念则以个别的刑罚概念为前提。张明楷教授认为,个别的刑罚权是指发生具体的犯罪时,国家可以对具体犯罪人实行刑罚这种个别、具体意义上的刑罚权。① 与之相应,个别的刑罚是指发生具体的犯罪时,国家可以对具体犯罪人实行刑罚这种个别、具体意义上的刑罚。个别的刑罚正当性所追问的是:什么样的刑罚制度是正当的?换句话说,国家应该怎样对犯罪人适用刑罚?

一般的刑罚正当性与个别的刑罚正当性的区别仅在于二者的主语不同,而"正当性"的含义是相同的。一般的刑罚正当性的含义可以这样表述,即指刑罚这类制度所具有的理性认可能力,当且仅当与其他非刑罚措施相比,刑罚制度最优。个别的刑罚正当性的含义则为,个别的刑罚所具有的理性认可能力,当且仅当与其他个别刑罚相比,该个别的刑罚最优。

(二)一般与个别的刑罚正当性之间的关系

一般的刑罚正当性与个别的刑罚正当性既有区别,也有联系。一般的刑罚正当性与个别的刑罚正当性处在不同的层面上,前者处于一般、抽象的层面上,而后者处于个别、具体的层面上;前者主要解决的是刑罚制度是否应该存在的问题,而后者主要解决的是刑罚制度应该如何具体运作的问题。不过,虽然一般的刑罚正当性与个别的刑罚正当性处在不同的层面上,但这两个层面不是毫无关联,而是紧密联系的。个别的刑罚正当性以一般的刑罚正当性为前提。因为只有在刑罚制度正当的情况下,才能进一步追问

---

① 张明楷:《刑法学》,法律出版社 2011 年版,第 453 页。

刑罚制度应该如何运作的问题。如果刑罚制度不正当，哪里还谈得上刑罚制度如何运作的问题。

因此，从逻辑上看，一般的刑罚正当性优先于个别的刑罚正当性：一般的刑罚不具有正当性则个别的刑罚一定不会具有正当性，反之则不一定，个别的刑罚不具有正当性，一般的刑罚不一定就不具有正当性。但是从实践上看，个别的刑罚正当性更为重要，是一般的刑罚正当性的落脚点与归宿，刑罚实践的好坏最终取决于个别的刑罚正当性判断而非一般的刑罚正当性判断。

正是基于上述原因，关于刑罚正当性根据的理论与学说对一般的刑罚正当性和个别的刑罚正当性都是统而论之，并把个别的刑罚正当性作为理论与学说最终的落脚点。

（三）一般与个别的刑罚正当性根据之间的关系

从概念分析的角度来看，一般的刑罚正当性的条件要比个别的刑罚正当性更容易满足。因为个别的刑罚正当性是以一般的刑罚正当性为前提的，只有在一般的刑罚正当性的条件得到满足的情况下，才可能进一步追问个别的刑罚正当性的条件。也就是说，一般的刑罚正当性根据应该是个别的刑罚正当性根据的必要条件，而非充分条件。

但是，通行的观点却认为，个别的刑罚正当性根据取决于一般的刑罚正当性根据。如日本学者平野龙一所说："'为什么'刑罚是正当的根据，也是'何种程度的'刑罚是正当的根据。"[①]报应论、预防论以及并合论都持有这种观点。这些刑罚正当性根据理论试图

---

① ［日］平野龙一：《刑法总论Ⅰ》，第27页。转引自张明楷：《新刑法与并合主义》，载《中国社会科学》2000年第1期。

从一般的刑罚正当性根据推论出确定的、普遍适用于所有个别刑罚的正当性标准。但这是不可能的，根本不存在这样的一个普遍标准，不论这个标准是基于最终的目的还是至高无上的法则。个别刑罚适用的具体情境是独特的、复杂的，甚至是新颖的，不可能指望被完全压缩为确定性的原则或标准。所谓的普遍适用的原则或标准不过是基于一定的目的对已有经验的概括总结，这种通过归纳、抽象所得到的一般化原则或标准不可能普遍适用于所有情境，尤其是那些新出现、新颖的具体情境。[①] 在日常生活中经常有这样的说法："原则上……但是考虑实际情况……"这个说法也提示了原则或标准不能普遍适用于所有情形。这种试图找到普遍适用于所有特殊刑罚的正当性标准的观念，用杜威的话说，"我们发现了希望逃脱实际道德情形及其在可能性和后果上真正不确定性所导致的压力的另一种表达方式。"[②]

"一般的刑罚正当性根据应该是个别的刑罚正当性根据的必要条件而非充分条件"的观点只是概念分析的结论，暂且作为一个假说。在本书的后面章节，笔者将对报应论、一般预防论、特殊预防及并合论进行实质性的考察与批判，以验证该假说。并且，如果该假说被证明是正确的，那么我们还会以此为前提，提出关于刑罚正当性根据的新思路与新构想。

---

① ［美］托德·莱肯：《造就道德——伦理学理论的实用主义重构》，陶秀傲等译，北京大学出版社2010年版，第94～96页。

② 《杜威全集》（中期著作第14卷），华东师范大学出版社2004年版，第147页。

第二章　刑罚报应论之批判

刑罚报应论是关于刑罚正当性根据的理论之一，而且被认为是“源头最远、路程最长且至今生命力最旺的一种”。其源头可回溯至刑罚的草创时代，可以说，有了刑罚便有了报应论；其路程，自刑罚问世至今，报应刑论始终伴随刑罚制度而存在；其生命力，至今仍然受到为数不少的报应论者与并合论者的支持，要么作为一种独立的刑罚根据论要么作为并合论的重要组成部分。[①] 这样的理论值得我们认真对待和研究。

本章旨在通过对报应论的反思和批判，实现对报应论的扬弃，即一方面抛弃和否定其内部消极的、不合理的因素；另一方面继承和发扬其内部积极、合理的因素。

第一节　刑罚报应论的主张与理据

虽然报应论思想源远流长，但是真正形成系统性的理论并赢得人们广泛尊重与认同始于近代。一般认为，近代的刑罚报应论“由康德发其端，经过黑格尔，至宾丁大致完成”。[②] 报应论之所以

① 邱兴隆：《报应论的价值悖论》，载《政法论坛》2001 年第 2 期。

② 马克昌：《论刑罚的本质》，载《法学评论》1995 年第 5 期。

能在近代形成,并取得巨大成就,诚如德国学者罗克辛所言,“报应理论在知识界获得长期重要影响,与其说是由于它的历史性尊严或者一般理论说服力,不如说是通过德国唯心主义哲学奠定了基础”。[①] 在宾丁之后,报应论并没有停滞不前,而是在不断地发展。与前期的报应论相比,后期的报应论作出了重大的改进与修正,取得了不小的进步,也变得更加合理。但是总的来说,报应论的基本逻辑与旨趣没有变。为了展现前后报应论的延续性与逻辑的一贯性,我们将以前期报应论思想为主体进行介绍,而将后期报应论思想穿插其中。这样既能保证报应论的原汁原味,又能照顾到报应论新近发展所取得的成果。

一、报应论的主张

报应论认为刑罚是犯罪的当然结果,犯罪是刑罚的原因。换言之,刑罚只是由于犯罪才被科处,除此之外不追求任何其他目的,因而被称为绝对主义,又称报应主义。[②] “因为有犯罪而科处刑罚”,是报应论的经典表述。报应论主张基于报应原理对恶害的犯罪以痛苦的刑罚进行报应,就体现了正义,这便是刑罚的正当性根据。[③] 具体来说,报应论的主张包括三个方面:一是,有责任的犯罪人才应当受到相应的惩罚,而无责任的犯罪人不应当受到惩罚;二是,惩罚必须以某种方式对称于或对等于其犯罪之恶害;三是,基于报应的刑罚体现了正义,本身就是正当的。报应论自产生以来,遭受到不少非议。其中有些质疑是因对报应论主张的误解所致,

---

① [德]克劳斯·罗克辛:《德国刑法学总论》(第 1 卷),王世洲译,法律出版社 2005 年版,第 37 页。

② 马克昌主编:《刑罚通论》,武汉大学出版社 2015 年版,第 53 页。

③ 张明楷:《刑法学》,法律出版社 2016 年版,第 504 页。

有必要对此作出进一步的解释。

(一)报应不等于复仇

有学者认为报应只是伪装的复仇,其实质仍然是复仇。[①] 报应"被称之为是复仇的一种文雅的名字;它是报复性的、不人道的、野蛮的与不道德的……通过使对错误的惩罚履行一种道德的责任,报应论抹杀了宽容的可能性。今天为报应论辩护的人只是无论其是否意识到,都是从目睹他人受痛苦中得到快乐与某种善感的人,或者另有理论企图的那些人"。[②] 这种质疑不是没有缘由的,空穴来风,其来有自。[③] 一方面,报应与复仇确实有着不解的历史之缘。复仇是报应思想的最初基础与原型。从早期的报应刑可以看到其与原始复仇习惯清晰的血源关系。从《汉谟拉比法典》对伤害他人眼睛、折断他人骨头、击落他人牙齿的自由民,应分别处以伤害其眼、折断其骨、击落其齿的规定,到《摩奴法典》的"最低种姓的人以骇人听闻的坏话,辱骂再生族,应割断其舌""如果他以污辱方式提到他们的名和种姓,可用烧得透红的刺刀插入他的口内""如果他厚颜无耻,对婆罗门的义务提出意见,国王可使人将沸油灌在他的口内和耳朵内"之类条款,分明标示着复仇乃初始报应刑的母体。[④] 以至于日本学者牧野英一将刑罚的草创时代称为"复仇时代"。另一方面,报应与复仇在表面上有相同之处。"刑罚针对的是过去的

---

① Ernest van den Haag. Punishing Criminals, Concerning A Very Old and Painful Question, New York, Basic Books, Inc. Publishers, 1975. 10.

② K. G. Armstrong, The Retributivist Hits Back, 70 Mind, pp. 471 - 490.

③ 邱兴隆:《从复仇到该当——报应刑的生命路程》,载《法律科学》2000 年第 2 期。

④ 邱兴隆:《从复仇到该当——报应刑的生命路程》,载《法律科学》2000 年第 2 期。

事件,复仇也是如此”,因此,“两者容易被混淆”。①

虽然报应与复仇有如此紧密的联系和表面上相似性,但是报应是制度化后的复仇,已经发生了质的改变,不能还原为复仇。黑格尔曾对报复与复仇的貌似神异有过令人叹服的精当描述:“犯罪的扬弃首先是复仇”“在无法官和无法律的社会状态中,刑罚经常具有复仇的形式……在未开化的民族,复仇永不止息。”而要“解决在这里扬弃不法的方式与方法中所存在的这种矛盾”,就要“从主观利益和主观形态下,以及从威力的偶然性下解放出来的正义,这就是说,不是要求复仇的正义而是要求刑罚的正义”。②

具体来说,报应和复仇的区别体现在四个方面:一是,复仇具有私人性,其主体是个人;而报应则具有公共性,其主体则是国家。二是,复仇具有任意性,不受限制;而报应则依据道德和法律规范,受到严格限制。三是,复仇往往过度,而报应要求公平。四是,“由所违反的法律所规定且与所犯之罪的严重性相适应的报应,不是为了满足或补偿因犯罪承受损失或伤害的任何人而施加——即使其确实如此——而是为了实施法律与为了维护法律秩序而施加”。③ 报应论可能有这样或那样的问题,但是不管怎么说,报应论并没有主张复仇,报应也不等同于复仇。那些将报应等同于复仇进而反对报应论的观点,如果不是有意扭曲报应论的观点,则着实是一种误解。

---

① Ernest van den Haag. Punishing Criminals: Concerning A Very Old and Painful Question. New York: Basic Books, Inc. Publishers, 1975.

② [德]黑格尔:《法哲学原理》,范扬、张企泰译,商务印书馆 1961 年版,第 107~108 页。

③ Ernest van den Haag. Punishing Criminals: Concerning A Very Old and Painful Question. New York: Basic Books, Inc. Publishers, 1975.

(二)报应是法律报应

近代以来的刑罚报应论所说的报应都是指法律报应,而非道义报应。不少学者将近代以来的报应论区分为道义报应论和法律报应论,并认为:道义报应论主张社会的道德观念系正义的所在,犯罪是违反道德的行为,刑罚是根据道德观念对犯罪的报应;而法律报应论主张正义的根据在于法律,犯罪是违反法律的行为,刑罚是对犯罪的法律报应。[①] 这些学者指出,道义报应论的代表人物是康德,法律报应论的代表人物是黑格尔、宾丁。[②] 黑格尔、宾丁固然是法律报应论者,不过康德不是一个道义报应论者,而是一个法律报应论者。理由有两点:第一,康德严格区分了道德和法律,并未将二者混为一谈。作为一名自由主义者,康德反对任何将法律道德化的企图。与个人道德相联系的那些责任,也就是说,我们对于自己的责任和对于他人的责任,不一定是一些法律的要求。比如,康德把自杀看作道德上可鄙的事情,但是他批评旨在惩罚自杀企图的立法。即使一个行动是非道德的,也不一定应该把它当作刑事惩罚的对象。有些事情是不道德的,并不意味着它在法律意义上是不合法的。康德认为法律应该禁止任何使人类共存先天地不可能的事情,如偷窥、谋杀和毁约(说谎)。在这里法律的要求和道德的要求合二为一,但这不是法律道德化的证据,而只是法律与道德内容的部分重合而已。[③] 第二,康德将责任区分为两类:一类是

---

① 马克昌:《刑罚通论》,武汉大学出版社 1995 年版,第 54 页。

② 马克昌:《论刑罚的本质》,载《法学评论》1995 年第 5 期;陈兴良:《刑法哲学》,中国人民大学出版社 2015 年版,第 339、354 页。

③ [挪]G. 希尔贝克、[挪]N. 伊耶:《西方哲学史》,童世骏、郁振化、刘进译,上海译文出版社 2004 年版,第 382 页。

内在责任即道德责任，另一类是外在责任即法权关系上的责任。[①]康德并不要求守法的人在按照法律行事的时候应该具有道德动机。国家法律并不要求人们应该基于对道德律的尊重而行动，而只要求人们遵守外在的法律责任，不管是出于什么样的动机。这样，康德便在道德和法律之间作出区别。他既不是把道德法律化，也不是把法律道德化。[②]

何秉松教授曾指出，把康德视为道义报应论的代表是不正确的观点。康德的报复法权作为一种公共法权，纯粹是法律的而不是道德的，它是从纯然的法权根据出发。[③] 因此康德是法律报应论者而非道义报应论者。或许可以这么说，近代以来的报应论只有法律报应论而没有道义报应论一说，所谓道义报应论是因为有些学者对康德法律哲学思想的误读所致。

（三）正义是道义的正义

与上一问题相关，有学者提出道义报应论主张的正义是以道义为根据的正义，而法律报应论主张的是以法律为根据的正义。这显然是错误的。正义本来就是一个道德概念。如桑德尔所说，"'道义论的自由主义'首先是一种关于正义的理论，尤其是一种关于正义在道德理想和政治理想中具有首要性的理论"。[④] 正义通常

---

① 龚群、陈真：《当代西方伦理思想研究》，北京大学出版社 2013 年版，第 224～225 页。

② ［挪］G. 希尔贝克、［挪］N. 伊耶：《西方哲学史》，童世骏、郁振化、刘进译，上海译文出版社 2004 年版，第 382 页。

③ 何秉松：《人权防卫论——对传统刑罚理论的反思与超越》，2010 年 10 月第二届全球论时代犯罪与刑法国际论坛宣读论文。

④ ［美］迈克尔·J. 桑德尔：《自由主义与正义的局限》，万俊人等译，译林出版社 2011 年版，第 1 页。

被认为是法律的最高目标与追求,而作为法律的目标与追求的正义不可能存在于法律之中,而只能在法律之外。如果认为正义的根据在法律,那么就是将正义等同于合法性。如此一来正义就没有了超越法律的性质,从而丧失了对实在法的批判品格。只有法律实证主义者才会将正义等同于合法性,甚至直接否定正义存在的意义。如纯粹法学家凯尔森就认为正义是一个意识形态概念,是一种反映个人或群体的主观倾向的价值偏爱的"非理性的理想"。如果非要给正义一个具有科学意义的名称的话,那么它肯定就是合法性。① 联系到报应论作为刑罚正当性根据学说之一,将正义等同于合法性也就是将正当性等同于合法性,这就使报应论失去了存在的意义。

法律报应论主张的正义是道义正义,是不是自相矛盾?当然不是。法律与道义处在两个不同的层面,而非两个不同的并列领域。这里需要区分两种道德:一种道德是日常道德或者说是社会道德,另一种道德是经过哲学反思的道德。② 前一种道德与法律处于同一层面,分属不同的领域;后一种道德与法律不处在同一层面,法律处于一阶的层面,反思的道德处于二阶的层面。法律受到这种反思的道德的评价与批判。报应论所说的道义正义,正是属于二阶层面的反思的道德。因此,法律报应论主张道义正义并没有什么矛盾。需要进一步说明的是,认为法律应当受到道义的评价与批判,并不是主张道德与法律的不可分离性。如价值法学代表人物富勒所认为的那样,法律与道德不可分离:"法律单纯作为

① [美]E. 博登海默:《法理学:法律哲学与法律方法》,邓正来译,中国政法大学出版社 1999 年版,第 121 ~ 122 页。

② 龚群、陈真:《当代西方伦理思想研究》,北京大学出版社 2013 年版,第 7 页。

秩序而言，包含了它自己固有的道德性”。[①] 而只是说，合道德的法律比不合道德的法律更能够得到理性的认可，或者说，正义的法律比不正义的法律更能够得到理性的认可。正如哈特所说，“法律反映或符合一定的道德要求，尽管事实上往往如此，然而不是一个必然的真理”。[②]

道义的正义还区别于功利主义的正义。正义是一个抽象的大词，可以从多个角度来说明。道义的正义是以平等、公平、公正为核心意义的概念；而功利主义的正义是以功利为核心意义的概念。道义的正义不仅不同于功利主义的正义，甚至是反功利主义的。如康德主张对犯罪者进行惩罚只能是因为他的行为给他人的自由或社会利益造成了侵害，这种侵害违背了正义要求，对他进行惩罚也就是恢复被损害的正义，此外别无其他重要的目的。正义要求惩罚犯罪人遵循报应原则，即以牙还牙，以眼还眼。康德认为任何报应以外的其他惩罚进路偏离了正义的严格要求并且是不道德的。[③] “惩罚永远不能仅仅作为促进另一种善的手段而实施，无论是对罪犯本人或者对市民社会，而必须在所有情况下都只是由于它被施加的个人犯一种罪才适用。因为一个人永远不应该仅仅作为一种服从他人的目的的手段，不能与物权的对象相混淆。他的与生俱来的人格保护他反对这种对待，哪怕他可能被判处失去他的市民人格。他必须首先被确认是有罪的和可以受到惩罚的，然后才存在从对他的惩罚中为他本人或者他的市民同胞产生任何利

① 谷春德：《西方法律思想史》，中国人民大学出版社2004年版，第369页。

② ［英］哈特：《法律的概念》，张文显等译，中国大百科全书出版社1996年版，第182页。

③ ［美］布赖恩·比克斯：《法理学——理论与语境》，邱昭继译，法律出版社2008年版，第145页。

益的任何想法。”①

二、报应论的理据

报应论之所以主张报应是刑罚正当性根据，是因为报应论认为报应即正义。换句话说，因为基于报应的刑罚体现了正义，所以是正当的。现在需要考察的问题是，报应论凭什么说报应是正义的？是什么样的正义？如果不弄清楚这一点，就不能对报应论作出公允的评价。

（一）道义性责任论

报应论主张报应即正义的主要理据就是道义性责任论。在介绍道义性责任论之前，需要先澄清一个问题。本书中没有使用道义责任论术语，而使用道义性责任论，不是标新立异，实则是不得已而为之。很多刑法学文献说到道义责任论，都认为道义责任是因违反道义的行为而受到的国家对行为人的道义谴责，②并且认为康德是道义责任论。但是如前文指出的，康德是法律报应论者，怎么会提出道义责任论呢？康德寻求的是证明国家对暴力和刑罚合法使用所具有的正当性。③ 换句话说，康德要证明的是犯罪人承担法律责任的道德根据。在康德的法哲学里，不可能有道义责任论，有的只能是道义性责任论，即赋予法律责任以道义性的责任论。是故，本书使用道义性责任论以区别于道义责任论。道义性责任

---

① ［德］康德：《法的形而上学原理》，沈叔平译，商务印书馆 1977 年版，第 164 页。

② ［日］曾根威彦：《刑法学基础》，黎宏译，法律出版社 2005 年版，第 44 页。

③ ［挪］G. 希尔贝克、［挪］N. 伊耶：《西方哲学史》，童世骏、郁振化、刘进译，上海译文出版社 2004 年版，第 382 页。

论所说的道义性责任，不是指因违反道义的行为而产生的道义责任，而是指提出的这种责任原则本身的道义性。因此，道义性责任论所说的道义性责任与基于违反法律行为而产生的法律责任并不矛盾，它们处在不同的平面上。如冯军教授所言："法律责任并不排除伦理责任所具有的道义性，相反，在法律责任的深处不可动摇地存在公平、报应等道义原则。"[①]那么道义性责任论到底是什么意思呢？

道义性责任论是这样一种理论，认为行为人可以按照自己的规范意识选择实施合法行为，并且根据该选择进行行动，却根据自己的自由意志而选择了违反法律的犯罪行为，因此应当受到相应的谴责和惩罚。道义性责任论提出的责任包括两个面向：一是积极的责任，即从"有责任就有刑罚"的积极角度出发理解责任；二是消极的责任，即从"有责任才可以有刑罚"的消极角度出发理解责任。不管是积极的责任还是消极的责任，责任都意味着刑罚的该当性。

由正义的特征而生的刑罚的该当性即刑罚使犯罪人罪有应得，这也许是报应刑最合正义之处。因为该当性既要求刑罚只作为犯罪的结果而施加，又要求刑罚的轻重与犯罪的轻重相对应，而这正是报应论的核心主张。[②] 正如赫希指出的，"为什么刑罚应该与犯罪的严重性相对称，回答不在于这会产生一种最好的遏制或者教育影响，因为其可能这样也可能不这样。相反均衡的惩罚的要求直接从刑事制裁的谴责含义中派生出来。一旦人们产生了带

---

① 冯军：《刑事责任论》，法律出版社 1996 年版，第 104 页。

② 邱兴隆：《报应刑的价值悖论——以社会秩序、正义与个人自由为视角》，载《政法论坛》2001 年第 2 期。

有惩罚所具有的谴责含义的一种制度，那么，按照其行为的应受谴责性的程度而惩罚罪犯，便是公正的要求而不只是有效地实施法律的要求。不均衡的惩罚之所以不公正，不是因为它们无效或者可能有副作用，而是因为国家试图因行为人的行为而谴责他，但比该行为的严重性所证明为正当的更多或者更少地对行为人施加谴责。"①

道义性责任论是立基于人具有自由意志观念之上的。在道义性责任论看来，如果人没有自由意志，不能选择如何行动，那么人就没有什么责任可谈。康德关于人具有自由意志的论述具有代表性。康德是通过先验的方法②论证人具有自由意志的。康德认为人既是一种感性存在，又是一种理性存在。人的这两重属性决定了他同时是两个世界——自然界和理性界的成员，进而人就必然受到两种法则——自然法则和理性法则的支配。人的生存要面对自然界，所以他必然要受到自然法则的制约，这样，人就无法自主，非自主自愿的行为会导致无道德的行为。人又是理性存在，当人克服了感性欲望的限制、完全按照理性行动的时候，理性法则才能发生作用，表现为"善良意志"为形式的、命令人"应该做什么"的道德法则。这个法则是先天的，是以先天综合判断来表达的，是评价道德的标准，是绝对的"道德律令"。这个规律或道德律令是普遍和必然的，是先验的，是理性本身所固有的。关于道德律令的事实，表明意志自由。如果不是因为人有道德的本性或实践理性，根

---

① ［美］安德鲁·冯·赫希：《已然之罪还是未然之罪》，邱兴隆、胡云腾译，中国检察出版社 2001 年版，第 39 页。

② 所谓先验论证，简单地说就是"找出预设"的工作。参见石元康：《两种民主与两种理性》，载许纪霖主编：《知识分子论丛：全球正义与文明对话》，江苏人民出版社 2004 年版。

本不能证明意志自由。[①]“我们必须承认每个具有意志的有理性的东西都是自由的,并且依从自由观念而行为。”[②]由于人具有自由意志,故产生因自由选择行为而带来的责任。这一点不仅适用于道德,也适用于法律。康德认为,之所以应当对一个人处以刑罚,就在于他在意志自由的支配下实施了犯罪行为,这是对犯罪人处刑的唯一正当的根据。

黑格尔认同康德的观点,承认人的理性与自由意志,并认为对犯罪人施以刑罚正是对人之理性与自由的尊重。他说:“刑罚既包括犯人自己的法,所以处罚他,正是尊敬他是理性的存在。如果不从犯人行为中去寻找刑罚的概念和尺度,他就得不到这种尊重。如果单单把犯人看作应使变成无害的有害动物,或者以儆戒和矫正为刑罚的目的,他就更得不到这种尊重。”[③]

(二)维护法律秩序

道义性责任论认为行为人出于自由意志选择了违法的犯罪行为,所以应当受到相应的谴责和惩罚。从逻辑上来看,道义性责任论从前提到结论似乎有一个跳跃,或者说是推论上的断裂。为什么行为人出于自由意志选择了违法的犯罪行为,就应当受到相应的谴责和惩罚?前者只说明了行为人应该对其行为负责,但是并没有说明行为人为什么需要受到谴责和惩罚。这里需要澄清两类不同的责任,一类责任是指负责任,另一类责任是惩罚的责任。一

---

① [美]梯利:《西方哲学史》,葛力译,商务印书馆2005年版,第465页。

② [德]康德:《道德形而上学原理》,苗力田译,上海人民出版社1986年版,第102页。

③ [德]黑格尔:《法哲学原理》,范扬、张企泰译,商务印书馆1961年版,第103页。

个人是否对其所做的事情负责任是一回事，而他是否因其不负任而要受到惩罚是另一回事。就像“卑鄙”一词包含两个完全不同的含义。一种含义：他很卑鄙，意味着他卑鄙、邪恶、心地不好，是做评价词来使用。另一种含义：他很卑鄙，意味着他应当被鄙视。一个人的品质和行为是否卑鄙、龌龊是一回事，而是否因其卑鄙而受责难则是另外一回事。① 道义责任论从负责任直接得出惩罚的责任的结论，显然出现了断裂。报应论是如何解决这一问题的呢？还是没有解决，任其漏洞的存在？

报应论解决了这个问题，答案就是为了维护法律秩序。在报应论看来，遵守法律秩序是正义的，由此推出维护法律秩序也是正义的。如果进一步追问，为什么维护法律秩序是正义的？那么答案是法律具有最高的权威。康德在逻辑上把法律和义务具有最高权威的观念表述得非常清晰。② 康德主张法律具有最高权威的原因有两点：其一，因为法律是国民经过合议自愿订立的契约，所以国民有义务遵守法律；其二，更重要的是，国民订立契约制定法律的目的是保护个人自由与权利，所以法律是个人自由与权利的保障。③ 自由这一概念是康德的道德和法律哲学的核心。不过康德区分了作为道德上的自由和法律上的自由。道德上的自由意味着人之意志的自主性和自决；只要人们能够遵守道德律，那么在道德上就是自由的。法律上的自由是对他人专断意志和控制的独立，

---

① ［美］布鲁斯·N. 沃勒：《咖啡哲学》，肖春红、董琳利译，中国人民大学出版社 2010 年版，第 204 页。

② 《杜威全集》（晚期著作第 7 卷），魏洪钟、蔡文菁译，华东师范大学出版社 2015 年版，第 175 页。

③ 周濂：《现代政治的正当性基础》，生活·读书·新知三联书店 2008 年版，第 158 页。

这种自由是人所具有的唯一原初的、固有的权利。[①] 法律上的自由是道德上的自由在现实生活中的条件与保障。没有法律上的自由,道德上的自由无从实现。康德是最早把人权问题当作一个基本原理来讨论的政治思想家之一。康德认为每个人都有权利去得到最大限度行动的自由,它根据一条普遍法则与其他人的行为自由彼此相容。如果人权要提供一种真正的保障,就有必要干预那些侵犯他人权利的个人和机构。因此,国家拥有合法的权利在人权受到侵犯的情况下实施干预。康德相信,他由此证明了国家对暴力和刑罚的合法使用所具有的正当性。[②]

从上述内容来看,康德主张"有罪必罚为正义"的依据应该是保护个人自由与权利,而非维护法律秩序。可是,为什么要说成维护法律秩序呢?原因在于康德是在应然的意义上说法律是个人自由与权利的保障,至于实际情况可能并非如此。当应然与实然的法律存在不同的情况下,或者说当实然的法律背离了应然的法律时,康德主张应当遵守实然的法律,即赋予实然法律以绝对权威。他明确提出,任何人"应当服从目前现存的立法权,不管其来源究竟是什么""一项法律,它是如此神圣的(不可侵犯的),以至于在实践上哪怕只是对它产生怀疑,因而有一刻中止了它的效果,就已经是一种犯罪"。[③] 在康德看来,规定刑罚的法律是一种绝对命令。[④]

---

① [美]E. 博登海默:《法理学:法律哲学与法律方法》,邓正来译,中国政法大学出版社1999年版,第77页。

② [挪]G. 希尔贝克、[挪]N. 伊耶:《西方哲学史》,童世骏、郁振化、刘进译,上海译文出版社2004年版,第381~382页。

③ 《康德著作全集》(第6卷),李秋零译,中国人民大学出版社2007年版,第330页。

④ [德]克劳斯·罗克辛:《德国刑法学总论》(第1卷),王世洲译,法律出版社2005年版,第37页。

每个人都有义务遵守法律，服从法律的教导，只有遵守法律是正义的，违反法律就是不正义的，应当受到惩罚。

黑格尔对犯罪与刑罚的关系作了辩证的阐述：犯罪是对法的否定，而刑罚是对不法的否定并恢复法的原状，刑罚因此是正义的。[①] 黑格尔说，"唯一有关重要的是：首先犯罪应予扬弃，不是因为犯罪制造了一种祸害，而是因为它侵害作为法的法"。换句话说，"犯罪行为不是最初的东西、肯定的东西，刑罚是作为否定加于它的，相反地，它是否定东西，所以刑罚不过是否定的否定"。[②] 黑格尔所说的比较抽象。与之相比，宾丁的语言要朴实得多，但意思是一样的，即主张报应刑的目的就是维护法律秩序。

（三）对称性的公平

报应论主张罪刑要有对称性，这是道义性责任的必然要求。康德认为，罪与刑的对称性体现了公平，而公平是正义的应有之义。如康德所说："是哪种方式的惩罚和什么程度的惩罚使得正义成为原则和准绳呢？不是别的，就是平等的原则，即（在正义的天平上指针的状态中）不偏不倚。所以：你使人民中的一个他者遭受什么无辜的灾祸，你就把它加给了你自己。你辱骂他，就是在辱骂你自己；你偷窃他的东西，就是在偷你自己；你打他，就是在打你自己；你杀死他，就是在杀你自己。只有报复法权……才能明确地规定惩罚的质和量；其他一切法权都是摇摆不定的，而且由于其他种

---

① 张明楷：《刑法的基本立场》，中国法制出版社 2002 年版，第 25 页。

② ［德］黑格尔：《法哲学原理》，范扬、张企泰译，商务印书馆 1961 年版，第 102 页。

种干预性的考虑,不能与纯粹的和严格的正义之判决相符合。”①康德的这种观点被称为等害报应。

与之不同,在刑罚尺度问题上,黑格尔持等价报应论,他说:“犯罪的扬弃是报复,因为从概念上说,报复是对侵害的侵害,又按定在说,犯罪具有在质和量上的一定范围,从而犯罪的否定,作为定在,也是同样具有在质和量上的一定范围。但是这一基于概念的同一性,不是侵害行为特种性状的等同,而是侵害行为自在地存在的性状的等同,即价值的等同。”②等价报应论解决了等量报应存在的不足与缺陷,等量报应不仅不易实行,因为有些无被害人的犯罪没有相对应的措施,还有的等量报应不人道。正是通过等价报应,使刑罚的正义性价值得以体现。

宾丁从维持法律秩序的见地出发,主张各个刑罚权的内容应当与犯罪的分量立于一定的关系,即犯人由科刑所受痛苦的大小,应当与法律秩序因犯罪所受损害的大小成正比。详言之,法律秩序因犯罪所受的损害大,犯人因刑罚所受的痛苦也应当大;反之,法律秩序因犯罪所受的损害小,犯人因刑罚所受的痛苦也应当小。③

公平的确是正义的核心要素。④ 正如罗尔斯所认为的,正义总是意味着某种公平,这等于是说,设计一种正义的社会制度就是最大限度地实现公平。罗尔斯的正义观就是公平的正义。⑤ 不过,报

① 《康德著作全集》(第6卷),李秋零译,中国人民大学出版社2007年版,第344页。

② [德]黑格尔:《法哲学原理》,范扬、张企泰译,商务印书馆1961年版,第104页。

③ 马克昌:《论刑罚的本质》,载《法学评论》1995年第5期。

④ [德]G. 拉德布鲁赫:《法哲学》,王朴译,法律出版社2005年版,第233页。

⑤ [美]约翰·罗尔斯:《正义论》,何怀宏等译,中国社会科学出版社1988年版,第11页。

应论所主张的这种对称性的公平,显然只是形式公平。人们自然会有这样的疑问,为什么犯多严重的罪行,就要处以犯罪人多重的刑罚?经过深思熟虑而实施的杀人行为与一时冲动而实施的杀人行为,应当受到同样的处罚吗?

第二节　刑罚报应论的批评

近年来,报应论一直受到质疑,有些质疑有失偏颇,如将报应还原为复仇,但是也有些质疑是有道理的。认真考察报应论的主张与理据,就会发现报应论确实存在一些问题,导致其不能保证刑罚的正当性。

一、虚构的反因果自由意志

报应论所主张的道义性责任是以自由意志为根基的,因为人有自由意志,所以人才有道义责任,依照道义责任惩罚犯罪人,惩罚就是正义的。然而,问题是人真的有自由意志吗?要回答这个问题,首先需要明确报应论所说的自由意志到底是什么意思。报应论所说的自由意志,是那种不受任何客观因素影响的自由意志,一种纯主观的自由意志。具体来说,是不受基因影响,不受人格影响,不受欲望影响,不受任何先在的给定生活影响的自由意志。一言以蔽之,即反因果的自由意志。① 这种反因果的自由意志是虚构出来的,人不可能有这种自由意志。

① ［美］布鲁斯·N. 沃勒:《咖啡哲学》,肖春红、董琳利译,中国人民大学出版社 2010 年版,第 193 页。

(一)绝对的自由意志

早期报应论是以反因果意义上的绝对自由意志为基础观念的,康德的主张最具代表性。康德是以先验的方法论证自由意志的存在,即“自由是道德律的存在理由,道德律是自由的认识理由”。[①] 换言之,道德律要想存在并发挥作用,主体必须有自由。而自由要获得证明,又必须求助于道德律的存在。而道德律是否存在,不是一个经验事实,而是理性事实,即它应当存在。这是一个逻辑论证的圆圈,“你能够,因你应该;你应该,因你能够”。[②] 换句话说,因为道义上要谴责你,所以你有自由意志;因为你有自由意志,所以道义上要谴责你。这个是循环论证。对于道义责任论的质疑应当是问“道德律令真的存在吗”?因为道德律令是自由意志存在的根据。

在现实当中,普遍适用的道德律令是不存在的。“康德认为一个个人的理性、良心就普遍地对其他一切有理性、有良心的人普遍有效,其实,这种所谓‘绝对命令’是不切实际的。你认为这是普遍性的,我也可以认为那是具有普遍性的。”[③]而且不同甚或相互冲突的道德原则之间不可公度,不存在一种中性的立场来对这些原则加以评判。[④] 到底哪一种原则才是普遍有效的道德原则,没有定论,或者说,根本就不存在这样的原则。这种先验的道德原则不仅不是真的,而且是没有意义的。道德原则不论怎样抽象、普遍,必

---

① [德]康德:《纯粹理性批判》,邓晓芒译,人民出版社2004年版,第2页。

② 张志伟:《康德的道德世界观》,中国人民大学出版社1995年版,第103页。

③ 张世英:《哲学讲演录》,广西师范大学出版社2004年版,第406页。

④ [美]理查德·罗蒂:《后形而上学希望》,黄勇编,张国清译,上海译文出版社2003年版,第398页。

须以命题的形式给出，这就不能不涉及命题的意义问题。而当代许多哲学家已经论证过，同一个真语句，由于语词指称的不确定，就可能具有不同的含义。我们能理解文化同伴所使用的概念、所说的话，那是因为我们在同一个语言环境下生活，我们理解彼此使用概念的指称。没有这些，不要说是上帝，即便是另一个人，说的同样的话，我们也会心存疑虑。同样的道理，如果说有一种先验的绝对普遍的道德原则，先于并超越于各具体文化共同体之上的话，那么它的意义，我们又怎样理解呢？①

既然道德律令本身就是可疑的，那么自由意志问题更是可疑的。其实，康德只是想表达道德实践是人类的最高追求与目标。为了论证它，才提出了自由意志的问题。如尼采就认为康德为了维护道德的崇高地位才"发明"了"实践理性"，"虚构"了一个"本体界"。② 以这种自由意志作为基础的道义责任论只说明了一个问题，"做错了事需要负责"。然而，现实中早就是这么做的。"一个人做了好事，我们要表扬他，相反地，一个人做了坏事，我们就要惩罚他——这是当然的；而且并不涉及行为是基于人的原先内在的原因而产生的，还是严格说，是新的东西的那一套的理论。使人类的伦理在'功绩'问题上兜圈子，这是一个可怜而不现实的现象——假使我们有什么功绩的话，只有上帝才知道。假定自由意志真正的基础的确是实用主义的，但是它与过去热烈讨论过的无

---

① ［美］理查德·罗蒂：《后形而上学希望》，黄勇编，张国清译，上海译文出版社2003年版，第39～40页。

② 张世英：《哲学讲演录》，广西师范大学出版社2004年版，第46页。

聊的惩罚权力无关。"[①]如果充分注意到杜威所说的"选择性原理",[②]就会发现自由意志问题是不重要的,它只是为了论证在道义上谴责做错了事的人而被虚构出来的。

(二)相对的自由意志

康德所主张的那种绝对自由意志显然是一种虚构,现实中并不存在,使责任变得可疑。19世纪中叶之后,由于自然科学的发达与产业革命的影响,以绝对自由意志为基础的道义性责任论备受批评,逐渐为报应论者所不采,而改采以相对的自由意志论为基础的修正的道义性责任论。

修正后的道义性责任论认为行为人实施行为时,虽有意思决定的自由,但同时亦必然受到素质与环境的影响,易言之,人的行为虽然会受到素质与环境的影响,却依然能够依其自由的意思而作出行为,因此,责任就是对于实施违法行为人所做的社会伦理上的非难。[③] 如大塚仁教授认为:"人不具有无限的能力,人的行动受到先天的素质和后天的环境强烈的制约。但是,比如说,即使是有缺陷的素质也具有通过努力加以矫正的余地;对于环境,在相当范围内也能够予以变更。当然,以人的力量无论如何都无法改善的素质和环境是的确存在的,不过,在论及一般人的犯罪时,这是一

---

① 威廉·詹姆士:《实用主义》,陈羽纶、陈瑞禾译,商务印书馆1989年版,第69~70页。

② 根据这一原理,所有理论化都需要为特定研究目的对各种资料、假设和原则所涉及的东西作出选择。否认选择所导致的一个突出的谬误就是"把最后的功能变换为预先的存在"。参见[美]托德·莱肯:《造就道德:伦理学理论的实用主义重构》,陶秀璈等译,北京大学出版社2010年版,第4页。

③ 陈子平:《刑法总论》,中国人民大学出版社2009年版,第216页。

种例外。一般人可以说是相对自由的主体。”①高铭暄教授也曾对此做过论述，他说：“马克思主义的决定论，既与唯心主义的无定论划清界限，强调客观现实对人的意识、意志的决定作用；又与机械唯物主义的决定论划清界限，承认人能够反作用于客观现实，指出人有相对的意志自由。人的犯罪意识、意志的形成，是社会上的犯罪现象、犯罪毒素所决定的，然而是不是实际走上犯罪道路，他的意识和意志有选择的余地，有选择的自由。在同样的社会生活条件下，有的人形成有益于社会的意识和意志，选择符合社会要求的行为方式；有的人则形成反社会的意识和意志，选择违反社会要求的行为方式。可见，人的意识、意志不是消极的、被动的，而是有自觉能动性的。相对的意志自由是人的行为的直接决定者、支配者。人的行为是个人意识、意志自由选择的外在表现和结果。因此，人要对自己的行为负责。如果一个人置社会秩序和国家法律于不顾，形成犯罪的意识和意志，选择犯罪的道路，实施犯罪的行为，他就要在国家和法律面前承担刑事责任，受到国家和人民强烈的谴责和否定的评价。”②

与早期的道义性责任论不同，修正后的道义性责任论否定了绝对自由意志，取而代之的是相对自由意志。修正的道义性责任论与早期的道义性责任论的区别还体现在从消极的方面理解责任与刑罚的关系，而不是如康德那样从积极的方面来理解责任与刑罚的关系。从“有责任就有刑罚”的积极角度理解责任主义的观点（积极的责任主义），与将责任作为制约国家刑罚权的理论相比，更

---

① ［日］大塚仁：《犯罪论的基本问题》，冯军译，中国政法大学出版社 1993 年版，第 3 页。

② 高铭暄：《论刑事责任》，载《中国人民大学学报》1988 年第 2 期。

容易将上述概念正当化。但是,道义性责任论是“行为责任论”,认为即便刑罚具有预防犯罪的效果,但只要行为人没有道义性责任,就不得行使刑罚权,而且,国家介入,也只限于这种介入并不违反伦理道德的场合(消极的道德主义),因此,它在一定程度上包含有抑制国家刑罚权的意义与内容,可以受到事实上的肯定评价。①

修正的报应论主张人是具有相对自由意志的,这是从经验上得出的结论,而不是像康德那样采取先验方法推论的产物。然而,相对自由意志与绝对自由意志的区别不是质上的,而是量上的。在相对自由意志论者看来,人不可能不受到先天因素和后天环境影响,但还是可以在一定的范围内有或一定程度上依据自由意志而行为。这其实还是认为人或多或少具有一定的不受其他因素影响的非因果的自由意志。

但是,人真的是具有(相对)自由意志的吗?如何来证实这一问题?实际上,关于人类在生活中具有自由意志更多是来源于一种直觉,即人类的内省机制。也就是一般人的想象:我们感觉到自己决定要不要做什么事。就好像买衣服,选择什么面料、颜色、样式的衣服是我们自己决定的。然而内省陈述的真假无法确定,因为没有一个人除了能对自己作内省、作观察外,还能对任何其他人的内省进行观察。而任何人的内省不能受到别人的证明,不能有目共睹,因此以人的内省为方法,根本不能成为科学。相对地,人们长年来对于人类或其他动物的脑科学研究,似乎为决定论者的观点提供了更多的论据。用科学对于人类所谓心灵——事实上是指脑部——的研究做例子,“对大部分的强暴犯来说,在 PET 的扫描下,会在脑部看见一层很明显的色块,不管如何,证据开始显示,

---

① [日]曾根威彦:《刑法学基础》,黎宏译,法律出版社 2005 年版,第 44 页。

性行为偏差者的脑部构造相当一致。而且,不同形式的偏差性行为,是源于不同形式的损伤。简言之,脑中的颞叶跟性行为的偏差有关系;前叶的异常跟暴力有关;两者都有的状况下会造成侵略行为,有的时候会有致命的性攻击。变态的性虐待狂,他脑中的情绪中心以及道德中心也有不连结的现象。还有当大量的不规则现象产生,其中大部分跟扁桃体有关时,就会增添人类性侵犯行为的复杂性”。① 当然科学的方法也未能充分证明人是完全被决定的,并且从很长一段时间内来看也会是如此。但是从现有的科学证据以及生活经验来看,否定自由意志的证据要强于支持的证据。从优势证据标准来看,否定自由意志的存在是理性的选择。

反因果的自由意志是报应论所主张的道义性责任的基础。既然反因果自由意志被证明是一种虚构,那么道义性责任论也就失去了根基,变得可疑。道义性责任论的全部或部分主张不得不接受重估。

二、维护法律秩序的问题

维护法律秩序虽然不是报应论主张的内容,但却是报应论主张报应即正义不可缺少的根据。然而,将维护法律秩序作为报应论的根据,是存在问题的。

(一)法律秩序本身不一定正义

在报应论看来,维护法律秩序是正义的。但是,这一命题似乎有所欠缺。假如法律秩序本身是不正义的,那么维护法律秩序是

---

① 转引自黄荣坚:《基础刑法学》(下),中国人民大学出版社 2009 年版,第 402 页。

否为正义就存在疑问了。正如邱兴隆教授所提出的质疑,“假如作为刑罚之规制者的法律是不正当的,再假如作为法律之制定者的国家是不正当的,依据法律而施加的刑罚的正当性从何而来?没有正当的前提,哪来的正当的结论”?[①] 法律实证主义[②]者可能会辩解说:最卑鄙的法律秩序仍旧有一种服从的价值,因为它也提供了一个最低的保护,“为了此目的,它也具有价值……不考虑其内容”。[③] 这一辩解有一定道理,突出了法律稳定性的重要意义,但是为了法律的稳定性而牺牲正义,并不可取。

从康德的法哲学来看,他并不是一个彻头彻尾的法律实证主义者。康德的法哲学是以自由和权利为基础的,并提出了普遍适用的法律原则:“正义因而是这样一些条件的总和,在这些条件下,一个人的意志可以根据一条普遍的自由法则与其他人的意志结合起来。”[④]康德提出的这个法律原则是先验应然意义上的法律原则,或者说是自然法——理性法的基本原则。不幸的是实证法并不总是符合应然法的要求,实际情况是实证法与应然法往往会有很大的出入。即使应然法的理念被实证法所接受,实证法的具体内容与应然法的要求还会有很大差异。这就需要在应然法和实证法之间作出选择。康德选择了后者,赋予了国家所制定的实证法以绝对的权威,最终滑向国家威权主义和法律实证主义。

---

① 邱兴隆:《从神意到法意——报应论的理念嬗变》,载《湖南省政法管理干部学院学报》2000 年第 3 期。

② 法律实证主义主张法律不管其内容如何,本身就具有绝对的权威,都应当被遵守。

③ [德]阿图尔·考夫曼、[德]温弗里德·哈斯默尔主编:《当代法哲学和法律理论导论》,法律出版社 2002 年版,第 122 页。

④ [挪]G. 希尔贝克、[挪]N. 伊耶:《西方哲学史》,童世骏、郁振化、刘进译,上海译文出版社 2004 年版,第 381 页。

与康德不同，黑格尔是基于精神辩证法的逻辑，赋予国家最高的权威性。国家对于黑格尔来说是最崇高的概念，是最完美的现象，即伦理理念的现象，因而也是最高的法的价值。国家与伦理理性，国家与法是一回事。在黑格尔那里，只存在一个国家，一种法，在现实的国家旁没有理想的国家，在实证法以外无所谓自然法，二者为同一个东西。正是在《法哲学原理》中黑格尔说出了那句耳熟能详的名言：凡是合理的都是现实的，凡是现实的都是合理的。[①]虽然在黑格尔那里应然法与实然法是合一的，但是起决定性作用的不是应然法，而是实然法。换句话说，是实然法统合了应然法，而不是相反。正因如此，黑格尔被认为是彻头彻尾的国家和法律至上主义者。近年来，一些黑格尔研究者提出了相反的意见，他们通过对黑格尔的其他著作、文章以及讲座内容的研究，认为黑格尔其实并不是主张不管什么样的实在法都是合理的。黑格尔的精神哲学认为，人类的法是自由意志的定在，而自由意志的外在普遍性，就是法。如果一个现存仅仅是现象，而与自由意志的本质不符，或者说，它并不反映“自由”的意志，那么它就不是与本质相统一的真实，而是违反自由意志的不法，从而是法的对立物。黑格尔还曾在讲座中说，“国家的实在法可能会与理性完全背离，从而是非法的”。[②] 另外，根据当代德国著名哲学家霍耐特（AxelHonneth，1949—　）的理解，一方面，黑格尔法哲学试图在个体自主必要条件重构的形式中阐明为了保证所有社会成员有自我实现的机会，现代社会必须包含与准备哪些社会领域；另一方面，黑格尔法哲学

---

① ［德］阿图尔·考夫曼、［德］温弗里德·哈斯默尔主编：《当代法哲学和法律理论导论》，法律出版社2002年版，第99页。

② 冯川：《黑格尔法哲学再诠释》，载《南京社会科学》2006年第11期。

的中心目的在于强调，普遍正义原则只有在社会条件合法性论证形式中才能够被阐发。若如此，个体主体就能够在他者的自由中看出个体自我实现的前提条件。在这个意义上，黑格尔法哲学应该被描述为关于社会正义的规范理论，简言之，就是规范的正义理论。[①] 这些证据也许能够证明黑格尔的法哲学不是主张国家和法律至上主义的，但是不能否定黑格尔对现实国家和法律的忠诚态度。不管是出于什么样的原因和心理，黑格尔最终是滑向国家威权主义和法律实证主义。

与康德和黑格尔相比，宾丁就更接近法律实证主义了。虽然宾丁认为法律的权威来源于独立于法律之外的规范，而规范不仅具有主权命令的形式，而且具有权利的内容，[②]但是这些改变不了宾丁法律实证主义的底色。

从康德，经黑格尔，至宾丁，法律本身的正义性逐渐丢失，导致报应即正义的信念先天不足。因为人为订立的法律既可以是恶法也可以是善法，如果只有合法性这一维度，则纳粹德国订立的种族灭绝法也会因为它所具有的"形式合理性"而被冠上"合法性"乃至"正当性"的名义。[③] "二战"后，曾在魏玛共和国担任司法部长的德国法学家拉德布鲁赫总结教训时说：实证主义通过"法律就是法律"的信念，使德国法学界无力抵抗具有暴政和犯罪内容的法律了；同时，实证主义也就完全没有能力运用自己的力量来证明法律的有效性了。法的安定性不是法律必须实现的唯一的、决定性的

---

① 王凤才：《黑格尔法哲学：作为规范的正义理论——霍耐特对黑格尔法哲学的诠释与重构》，载《复旦学报》（社会科学版）2009 年第 6 期。

② 梁奉壮：《宾丁规范论研究：本体论考察》，载《清华法学》2017 年第 1 期。

③ 周濂：《现代政治的正当性基础》，生活 · 读书 · 新知三联书店 2008 年版，第 188 页。

价值，与法的安定性同时存在的还有合目的性和正义。①

（二）如何维护法律秩序

维护法律秩序可以看成报应的目的。这与报应论的主张并不矛盾，二者处于不同的维度上。有学者认为，报应的目的是正义。这种观点是错误的。报应本身具有正义性，换句话说，报应就是正义的。既然报应即正义，那么正义当然不是报应的目的。从这个角度来看，基于报应原则的刑罚应当具有维护法律秩序的功效。否则，维护法律秩序的目的就会落空。然而，依据报应论的主张，只能依据犯罪人所应承担的责任对其进行公正的惩罚，而不考虑刑罚的功效。这如何实现维护法律秩序呢？（1）有人可能会认为报应性刑罚也有威慑效应，起到预防一般人犯罪的效果，从而使法律秩序免受侵犯。但是，报应性刑罚毕竟不是基于威慑效应而实施的刑罚，其威慑效果是打折扣的。（2）还有人可能会提出，报应性刑罚可以矫正犯罪人的错误观念和行为，从而阻止犯罪人继续犯罪。但是，报应性刑罚阻止犯罪人继续犯罪的效果并不好，它不是塑造良好行为的最佳方法。② “根据赋予痛苦原则而进行的刑罚执行，并不能消除经常是犯罪实施原因的心理性社会化损害，因此也就不是合适的与犯罪作斗争的手段。”③（3）还有人可能会认为报应性刑罚可以促使犯罪人认识到自己的罪责，对自己的犯罪行为加以反省，从而改过自新，并且通过赎罪使自己重新获得人格性

---

① ［德］G. 拉德布鲁赫：《法哲学》，王朴译，法律出版社 2005 年版，第 232 页。

② ［美］布鲁斯·N. 沃勒：《咖啡哲学》，肖春红、董琳利译，中国人民大学出版社 2010 年版，第 196～197 页。

③ ［德］克劳斯·罗克辛：《德国刑法学总论》（第 1 卷），王世洲译，法律出版社 2005 年版，第 38 页。

和社会性的纯洁。这样的说法当然令人向往。但是,这不能为报应性刑罚正当化提供支持,因为这样一种在实际中很少发生的赎罪经历,是作为人格的一种自主心灵方式显示出来的。这种方式不是强制性的,而是一种非报应性的,更准确地说,是帮助性的惩罚产生的。①

通过以上分析可以发现,报应论确实没有为维护法律秩序提供有效的方法和手段。即使报应性刑罚在某些方面起到维护法律秩序的作用,但是其效果也并不理想,存在其他更好的刑罚适用方式。

三、实质的不公平

报应论所主张的罪刑相对称只是一种形式公平。除非,真的如报应论所认为的那样人是具有自由意志的。然而,自由意志显然是一种虚构,并不存在于现实之中。罪刑相对称这种形式公平不仅不会保证实质的公平,而且会导致实质的不公平,与社会公众的道德直觉相悖。

先来看一个比较极端的例子:假定某个人心地善良、诚实,一直来以循规蹈矩、遵纪守法。但是有一天,这个人被欺骗加入了一个犯罪团伙,这个团伙不仅限制其人身自由,还不停地给他灌输极端思想,给其洗脑。之后,在犯罪团伙的指派下,这个人实施了暴力犯罪行为。在这个案例中,对这个犯罪人应当如何适用刑罚。如果按照报应论形式公平的主张,犯罪人应当受到与其犯罪行为相对称的刑罚,可是这样的惩罚公平吗?这样看似公平的惩罚其

---

① [德]克劳斯·罗克辛:《德国刑法学总论》(第1卷),王世洲译,法律出版社2005年版,第38页。

实是与民众的道德直觉相违背的。应当受到严厉惩罚的不是这个犯罪人,而应该是那个造成其犯罪的犯罪团伙。

这个例子比较极端,再举一个比较俗的案例,是在不少影视剧中经常上演的狗血桥段。某男子到外地出差,早回了一天,回到家推开房门发现自己的妻子和另外一个男人在偷情,该男子气愤之极,到厨房拿了菜刀将其妻子的情人砍成重伤。对于该犯罪人应当如何惩罚。如果按照报应论形式公平的主张,完全不考虑犯罪人实施犯罪的原因与动机,对犯罪人处以与一般的故意伤人并致人重伤的犯罪人同样的刑罚,显然会被认为是不公平的。

报应论所主张的公平只是形式上的公平,不仅不能保障实质上的公平,而且往往导致实质上的不公平。不公平当然就是非正义的。

四、排斥宽恕与预防犯罪

以上三点主要是针对报应理论本身所进行的批评,属于内在批评。站在报应论之外,从外部角度来看,报应论也存在不如人意的地方。

(一)排斥宽恕

人道主义是法律的重要原则之一,而宽恕是人道主义的应有之义。人道主义提倡尊重他人、关怀他人,人道主义是一种博爱精神。与人道主义不同,正义更多的是强调不伤害他人,而非关怀他人。从这个角度来看,人道主义比正义更具有利他精神,更具有道德色彩。换个角度来看,正义比人道主义更容易做到,实现人道主义更难。[①] 虽然正义比宽恕更符合人之常情，更容易做到，但是不能据此而反对、排斥宽恕。事实上，“所有刑罚制度都为罪犯提供了要求考虑减轻情节的机会，因为没有这些减轻情节，刑罚便变为了僵死不变的并且也许是不人道的。如果某些判决不考虑案件的特殊情节，我们便说其是不义的，而且如果法官不被允许其同情心的介入，我们也说其是不义的”。[②] 对犯罪人的宽恕还能起到感化教育的作用，有利于犯罪人重新开始有意义的新生活。雨果在《巴黎圣母院》一书中讲述了这样一个故事，主人公之一冉阿让曾经抢了一个小孩子的糖，在逃跑过程中他进了圣母院，又偷了圣母院神父的东西，但是神父原谅了他，他洗心革面，最终成了一个好人。

但是，报应论排斥宽恕，认为宽恕会导致正义的落空。如康德认为，刑法的绝对命令要求：有罪必罚，罚当其罪。因此，他原则上反对宽恕犯罪人。他说：“刑法是一条绝对命令，凡是爬行通过幸福学说的羊肠小道，为的是寻找通过其所许诺的好处使自己免于惩罚，或者哪怕是免除一种程度的惩罚的人，按照法利赛人的格言，即‘一个人的死胜过全体人民的堕落’，他就要倒霉了！因为如果正义消失了，人活在尘世上就不再有任何价值了。”[③]诚如英国学者雷西多尔所指出的一样，报应论并未给在犯罪本身的因素之外基于宽恕的理由而减免刑罚留有余地：“无法就宽恕的责任及其与惩罚的职责的关系提供任何一致的说明，这是报应论的巨大窘迫之一。人们很少发现任何人如此合乎逻辑，以致坚持实施惩罚总

① 慈继伟：《正义的两面》，生活·读书·新知三联书店2001年版，第105页。

② Philip Bean. Punishment, A Philosophical and Criminological Inquiry, Oxford, Martin Robertson, 1981, p. 98.

③ 《康德著作全集》（第6卷），李秋零译，中国人民大学出版社2007年版，第343页。

是一种职责而予以宽恕则一点也不正确……如果惩罚的职责是奠基于这样一种事先的道德意识的判决之上,它宣告……罪恶应该受到惩罚,要弄清宽恕如何能够永远是合法的,很困难。”①

（二）排斥预防犯罪

刑罚目的是国家制定、适用、执行刑罚的目的。刑罚目的决定或制约着刑罚的其他全部问题,是刑罚论的要害。② 当然,刑罚目的也制约着刑罚的正当性根据。需要指出的是,报应不是刑罚的目的。目的指的是追求什么好处的意思。而报应只是表达了一个“我要用刑罚!”的行动态度,至于为什么要用刑罚,则完全没有回答。③ 刑罚的目的被公认为是预防犯罪和保护法益。法益就是法所保护的生活利益。④ 既然国家制定刑罚的目的是预防犯罪和保护法益,那么就不能不考虑刑罚的目的而适用刑罚。否则,国家制定刑罚的目的会落空。

报应正义固然重要,但是刑罚目的同样重要。与正义相关的是实践动机与过程,与目的相关的是实践的最终结果。在其他条件相同的情况下,出于正义的动机、实施正义的行为,更可能取得好的结果。但是,也许有更好的方法与途径达成更好的结果。绝大多数人类的实践活动包括法律,既要取得某种效果,又在乎这些活动的过程本身。⑤ 如果要评价一个行为,到底应当依据正义还是

---

① H. Rashdall, The ethics of forgiveness, International Journal of ethics, 1910, p. 199.

② 张明楷:《刑法学》,法律出版社 2016 年版,第 509 页。

③ 黄荣坚:《基础刑法学》(下),中国人民大学出版社 2009 年版,第 9 页,

④ 张明楷:《刑法学》,法律出版社 2007 年版,第 84 ~ 85 页。

⑤ 陈嘉映:《何为良好生活》,上海文艺出版社 2015 年版,第 101 页。

目的？不管回答是哪一个，都是有失偏颇的，二者都是评价行为好坏的依据。但是，报应论关注正义，而排斥目的。从这一点来看，报应论是存在不足的。

第三节 刑罚报应论的价值因素

刑罚报应论虽然受到很多的质疑，确实存在不少的问题，但是近年来报应论又有复兴之势。这种复兴不是坚持以前那种严格的报应论，而是与刑罚目的论相结合的相对主义的报应论。不管是以什么样的方式复兴，这都说明报应论还是有可取之处。对于报应论，我们的态度不应该只是批评，更重要的是在摒弃其消极、不合理内容的同时，保留并发扬其积极、合理的内容。

一、消极的责任原则之重述

早期报应论主张的道义性责任是以绝对自由意志为基础的，当绝对意志被证否之后，后期修正的道义性责任论改以相对的自由意志为基础，并放弃了积极的责任原则，而只保留了消极的责任原则。应当承认，修正的道义性责任论更具合理性。从道义性责任理论逻辑来看，一方面，既然行为人没有绝对的自由意志，对其行为自然不必负全部的责任，也就不能再根据全部的责任对其进行惩罚；另一方面，报应性刑罚实现不了其追求的目的即维护法律秩序，那就没有积极适用报应性刑罚的理由。现在的问题是，相对的自由意志也不是实际存在的，修正的道义性责任论的主张也变得可疑。那么是不是说消极的责任原则必须被放弃？回答是否定的。消极的责任原则不必放弃，但是需要重述其理据。

(一)消极的责任原则的前提条件

报应论执着于为责任原则找到坚实的基础,但是实际上,责任原则并不需要这样的基础。没有那种反因果的自由意志,责任原则仍然有其存在的余地。责任原则衍生自自主原则。人必须能自主,方可能因自己的过错而负责,否则必然不可能有可归责于自己的过错。[①] 然而,自主并不意味着自由意志。是形而上学将自主的概念实体化为自由意志,并致力于证明自由意志的存在。但这是个错误,如维特根斯坦所说:“形而上学没有弄清楚事实研究和概念研究的区别。形而上学问题总带有事实问题的外表,尽管那原本是概念问题。”[②]要理解和把握自主概念,关键看它是如何被使用的,而不是寻找与其对应的实体。自主概念不是产生自形而上学,而是源自日常生活,存在于我们的日常语言与实践之中。如麦金太尔所说,在扎根于我们的话语与实践之所有区分当中,人与其他存在物的区分是最基本的区分。“人能够解释他们作为作者所撰述的东西;其他存在物则不能。将一个事件确认为一个行为,就是在诸多范例中将它归到一类描述之下,这类描述使我们能够把这一事件视为明明白白地(可理解地)来自某个当事人的诸意图、动机、情感与目的。因此,这也就是将一个行为理解为某种某个人必须对之负责的东西。”[③]在麦金太尔看来,将人看作负责任的主体存在于语言与实践之中,既是我们语言与实践的产物,也是我们语言与实践的本质特征。

---

① 许玉秀:《当代刑法思潮》,中国民主法制出版社2005年版,第197页。

② 陈嘉映:《说理》,华夏出版社2011年版,第49页。

③ [美]A.麦金太尔:《追寻美德》,宋继杰译,译林出版社2003年版,第265页。

不是因为人具有反因果的自由意志而成为负责任的主体，而是因为人具有不同于其他存在物的思考和实践能力而被当成负责任的主体。将反因果的自由意志作为人与其他存在物的区别，是犯了过度抽象和片面的错误。“如同对人研究的新的结果所证实的那样，人具有控制举止的可能性，就建立在人的这个能力之上，即人有能力控制他的天然和环境造成的冲动，有能力根据社会伦理要求的规范和价值观来指导他的决定。”①人的这种能力不是哲学上所争论的人的自由意志问题，而是通过观察所看到的。一个正常人的行为是能够回应激励和约束的，如惩罚的威胁。波斯纳正是从这种意义上来理解“自由意志”的。“司法意见充斥着‘自由意志’的语言——比如，法官们总是把刑事被告描述为故意行为、选择了犯罪的生活、有意违反法律、没能自我控制等——而且很多意见陈述或者暗示，刑法是基于对自由意志的信念并抛弃了决定论。这是否意味着法官参与了就人们是否具有自由意志这个问题进行的旷日持久的哲学争论呢？并非如此。当普通人使用像‘自由意志’这种词语时，他们指的是这样一些情况，即一个正常人的行为是回应激励和约束，比如惩罚的威胁。只要惩罚进入了从事犯罪还是避免犯罪的因果链，也就是说，只要惩罚具有好的后果，惩罚就具有社会价值，这样就绕过了哲学问题。”②

基于以上分析可以得出这样的结论，没有自由意志，消极的责任原则仍有存在的可能，只要人确实有不同于其他存在物的思考和实践能力。不过，人有思考和实践的能力只是消极的责任原则

---

① ［德］约翰内斯·韦塞尔斯：《德国刑法总论》，法律出版社 2008 年版，第 213～214 页。

② ［美］理查德·A. 波斯纳：《法律、实用主义与民主》，凌斌、李国庆译，中国政法大学出版社 2005 年版，第 103 页。

的必要条件,但不是充分条件。从事实推不出应该,必须介入价值因素考量。

(二)消极的责任原则的价值

真正需要追问的是,在法律中为什么要坚持消极的责任原则?坚持消极的责任原则的理由有哪些?答案是保障个人的尊严与权利。“法律并非主张某种行为是运用自由意志的产物,而是以一种粗略的方式排除非自由意志结果的行为。法律的这种做法首先是对这样一个简单直觉的反应,即对一个人而言,没有什么比迫使他对那些他认为自己不可能控制的行为承担责任更损害个人的自主性和安全感了。”①转换为人权话语,损害个人的自主性和安全感就是侵害个人的尊严与人权。而保障个人尊严与人权的主张不需要什么基础来论证。如阿根廷法学家和哲学家爱德华·拉博锡在一篇名为《自然化的人权》的论文中所说,哲学家应该把“人权文化”看作大屠杀之后世界的一个崭新而惊喜的事实。拉博锡希望哲学家停止在这个事实的背后或底下去查找什么东西,他希望哲学家停止去查找和辩护关于这个事实的所谓哲学前提。按照其观点,人权无法依赖于历史事实。拉博锡说道:“我的基本观点是,世界已经发生了变化,人权现象使人权基础主义变得过时和不切合实际。”②美国法学者德肖维茨从另外的角度否定了人权基础主义,他认为权利来源于经验,确切地说是来源于以政府名义施行的重大恶行的经验,正是为了防止政府重大恶行的发生,人们才创造出了

---

① [美]哈伯特·L. 帕克:《刑事制裁的界限》,梁根林等译,法律出版社 2008 年版,第 77 页。

② [美]理查德·罗蒂:《后形而上学希望:新实用主义社会、政治和法律哲学》,张国清译,上海译文出版社 2003 年版,第 323 页。

权利,以保证产生一个较正义的社会。①

综上所述,消极责任原则存在的理由是保障个人尊严与人权,前提条件是人具有不同于其他存在物的思考和实践能力,这种能力在个别案件中就具体化为他行为能力。也就是说,出于保障个人尊严与人权的考虑,在个别案件中只有当行为人具有他行为能力时,才负有责任;反之,则没有责任。所谓"他行为能力"就是指控制自己不为不法行为的能力。② 至于在什么情况下认定有"他行为能力",在什么情况下认定没有"他行为能力",没有一个客观、固定的标准。这是与原来报应论主张的消极责任原则不同的。原来的消极责任论假定存在一个叫自由意志的东西,它是判断行为人是否具有"他行为能力"的客观、固定的标准。现在自由意志已经被证明是不存在的,"他行为能力"也就失去了客观、固定的判准。修正后的消极责任原则认为有无他行为能力的判准不是纯粹客观的,而是规范性的。"规范论的观点应该至少包含两个特色:第一,作为判断的标准包含评价的要素;第二,作为判断的标准是从特定的目的引申出来的。"③换句话说,判断行为人有没有"他行为能力"没有一个客观的、固定的标准,这个标准是基于保障个人尊严与人权的考虑大致划出的。随着保障个人尊严与人权观念及情势的变动,这个人为划出的标准也会随之发生变动。但是,在没有大的社会危机出现的情况下,这个标准虽然会变动,但变动的幅度很小,基本上是稳定的,但绝不是固定的。

---

① [美]艾伦·德肖维:《你的权利从哪里来》,黄煜文译,北京大学出版社2014年版,第100~101页。

② 许玉秀:《当代刑法思潮》,中国民主法制出版社2005年版,第46页。

③ 许玉秀:《主观与客观之间——故意理论与客观归责》,法律出版社2008年版,第127页。

二、公平的正义观念

报应论主张形式公平的正义往往导致实质的不公平，因此这种形式公平的正义必须被放弃，如数学般对称性的惩罚必须被否定。但是，这并不意味着公平的正义观念也必须放弃。公平的正义观念深深地扎根于我们的基因与生活实践中。如乔纳森·海特认为，这种公平的正义观念是人类在长期的生活中进化而来的。他说：人的一生由一系列互利合作的机遇构成。如果操作得当，人们可以和他人合作，将最终大家分享的蛋糕做大。猎人们一起去捕杀大型猎物，这些大家伙一个人是对付不了。邻居们互相帮着看房子，借用工具。工友们互相替班。数百万年来，人类祖先应对这种适用性挑战，争取由此获利而不受蒙骗。那些在道德情感的迫使下作出“以牙还牙”行为的人们比实施其他策略的人们获利更多。[①] 由此形成的公平的正义观念既古老又持久。这种公平的正义观念的对象与内容虽然会随社会环境而变化，但是这种观念本身比较稳定。[②] “恶有恶报、善有善报”是公平的正义观念的朴素表达。这也是为什么，报应刑思想一直得到广大人民群众支持的一个原因。基于这种公平的正义观念的惩罚可以收到一些好的效果。

第一，可以平复愤恨与义愤。斯特劳森认为，人无法长期避免人际交往而不丧失人性，而只要与人交往，我们就会产生某些道德情感。他将这些情况称为反应性态度。在正义观念主导的人际交

---

① ［美］乔纳森·海特：《正义之心》，舒明月、胡晓旭译，浙江人民出版社 2014 年版，第 146 页。

② ［美］理查德·A. 波斯纳：《法理学问题》，苏力译，中国政法大学出版社 2002 年版，第 414 页。

往中,反应性态度有三种:愤恨、义愤和负罪感。这些反应性态度是正义秉性的固有特征,也是受正义观念主导的人际交往的固有特征。斯特劳森指出:"如果类态度不以某种形式存在的话,世界上就难以存在我们所理解的人际关系体系,或人类社会本身。"①"这三种态度都植根于我们的天性以及我们作为人类社会成员这一身份。"②只要具有足够生活经验的人应该都会认同这三种态度的存在。其中,愤恨是犯罪被害人的反应态度,义愤是一般民众的反应态度,负罪感是犯罪人的反应态度。愤恨最为根本,是义愤和负罪感的基础。因为人天生偏爱自己,所以动辄就会因别人伤害了自己而感到愤恨。相形之下,义愤和负罪感是长期道德教化的结果。不过需要清楚的是,愤恨不是复仇或报复的情感。愤恨产生的条件不只是行为人受到侵害,还因为该行为违反了道德或法律规范。这为愤恨印上了道德色彩。

如果是这样,实际情况也确实是这样,当犯罪行为发生后,被害人就会产生强烈的愤恨,一般民众也会产足够强度的义愤,至于这种愤恨与义愤到底达到什么强度,这要看犯罪的性质、危害程度等具体情况而定。这种愤恨与义愤本身包含寻求"扳平"的冲动。当愤恨与义愤自身所提供的道德和心理补偿不足以满足这一冲动时,人就会产生对法律惩罚的需要。同时,以愤恨为基础的道德优越感还为人的报复意动提供了正当性。一旦报复欲望转变为道德愿望,那么,愤恨的能量,以及它包含的寻求"扳平"的冲动,就会变得愈加强烈。③ 要平复这种愤恨和义愤,尤其是愤恨,需要依据法

---

① Peter Strawson, Freedom and Reseument, Londo, Methuen, 1974, p. 24.

② Peter Strawson, Freedom and Reseument, Londo, Methuen, 1974, p. 16.

③ 慈继伟:《正义的两面》,生活·读书·新知三联书店 2001 年版,第 209 页。

律对犯罪人进行惩罚,并且这种惩罚要达到公平的程度。

第二,促进对法律的尊重与信任。愤恨的产生还有一个条件,就是被害人长期尊重道德或法律规范,而没有实施违反道德或法律规范的行为。与之相同,义愤也具有类似的条件。如果义愤得不到平复,民众可能会对法律不满,不再尊重法律。如果愤恨得不到平复,除了导致义愤得不到平复的后果之外,还可能逼迫被害人寻求私力报复,如张扣扣为母复仇而杀人案。[①] 因此,平复愤恨和义愤可以促进人们对法律的尊重,坚定守法的信念。

有人可能会说,即使基于公平正义观念的刑罚有这些效用,但是公平正义观念并没有告诉我们在什么情况下,犯罪人应当受到什么样的惩罚才是公平的。公平的正义观念是抽象的没错,其本身也确实没有多少实质内容,但是在特定的社会环境下它是具有实质内容的。在特定的社会环境背景下,人们是有能力依据一定的标准来判断什么样的刑罚是公平的,什么样的刑罚是不公平的。这种实质性的公平正义观念存在于我们的生活实践中,存在于我们的良心之中。所谓良心不是别的,它是一个人对其所处社会最基本的是非观、善恶观、价值观的认识,是一个社会民众普遍认同的常识、常理、常情在一个正常人心灵中的反映。[②] 虽然这种实质性的公平正义观念很难清楚地用语言表达出来,但是在实践中大体上是能够把握的。当法院判决的刑罚明显违背民众的公平正义观念时,民众的反应是强烈的,如药家鑫案。药家鑫开车去某大学的路上,将一女民工撞倒,他下车察看时,发现女民工正在记他的车牌号

① 需要说明的是,张扣扣母亲被伤害致死后,犯罪人是受到法律的制裁的。但是,张扣扣并不满意,认为犯罪人受到的惩罚过轻,没有达到公平的程度。

② 陈忠林:《刑法散得集》(Ⅱ),重庆大学出版社2012年版,第26页。

码,药家鑫想到有人说过农民工很难缠,于是掏出随身携带的水果刀将女民工刺死。在这个案件中,是否应当判处药家鑫死刑存在一定争议。但是,从当时的舆情来看,民众是强烈要求判处药家鑫死刑的。最终法官判决药家鑫死刑立即执行。

综上所述,报应论主张的那种形式公平的正义观念必须放弃,但是公平的正义观念本身有保留的必要,它是刑罚适用必须考虑的因素之一。公平的正义观念在刑罚适用中的作用有限,主要是防止出现明显违反公平正义观念的刑罚。

第三章　刑罚一般预防论之批判

刑罚一般预防论是关于刑罚正当性根据的理论之一。与报应论相比，一般预防论思想虽然产生稍晚，但是也非常久远。早在古希腊时期，柏拉图在他的《高尔吉亚》一篇中就提出，惩罚应具有威慑的一面，即警示他人不要仿效行恶之人。[①] 这可以看作一般预防论的思想萌芽。到了近代，对一般预防论的系统阐释甚至早于报应论。被认为是近代刑法学创始人的贝卡利亚是第一位正式较为系统地提出一般预防理论的学者。[②] 在贝卡利亚之后，经边沁、费尔巴哈等人的进一步阐释，一般预防论得以完成并被广泛接受。自其问世以来，不但与报应论分庭抗礼而独具魅力，被视为一种真正的"刑罚理论"，而且对刑法实践有过不可取代的影响。[③] 19 世纪后半期，因受到刑罚特殊预防论的冲击，一般预防论逐渐衰落。然而，历经半个世纪后，一般预防论又产生出新的次元，以积极的

---

① ［古希腊］柏拉图：《柏拉图全集》（第 1 卷），王晓朝译，人民出版社 2002 年版，第 360 ~ 365 页。

② ［日］大谷实：《刑罚讲义总论》，黎宏译，中国人民大学出版社 2008 年版，第 37 页；韩轶：《刑罚目的的构建与实现》，中国人民公安大学出版社 2005 年版，第 57 页。

③ 邱兴隆：《一般预防论的价值分析》，载《法学论坛》2000 年第 4 期。

一般预防论的形式重新受到重视,[1]得以复兴。

本章旨在通过对一般预防论的反思和批判,实现对一般预防论的扬弃,即一方面抛弃和否定其内部消极的、不合理的因素,另一方面继承和发扬其内部积极、合理的因素。

第一节 刑罚一般预防论的主张与理据

从前期消极的一般预防论到后期产生的积极的一般预防论,一般预防理论经历了质的蜕变,很难用一个逻辑框架将二者统合起来一并进行介绍。因此,我们这里主要介绍前期消极的一般预防论,并对其进行反思和批判,至于积极的一般预防论思想将被作为新产生的积极、合理的因素来阐述。

一、一般预防论的主张

通常所说的一般预防论是指传统意义上的消极的一般预防论,也称威慑预防论。一般预防理论认为刑罚之所以对社会发生一般性的作用,乃是经由法律的明示与刑事司法的科处及执行,以形成对社会大众的威吓性,而以此达成制止与预防犯罪的目的构想。国家以刑法所明确的刑罚权的内容与界限,不但作为刑事司法者处理犯罪行为的依据,而且也借着对犯人的刑罚,作为一般大众的前车之鉴,以起到警戒与阻吓的作用。[2] 一般预防论的主要代表人物是贝卡利亚、边沁和费尔巴哈。严格来说,贝卡利亚、边沁

---

① 积极预防论虽然可以被归入一般预防范畴,但在理念上已经有质的改变,成为新的次元。参见柯耀程:《变动中的刑法思想》,中国政法大学出版社 2003 年版,第 374 页。

② 林山田:《刑法通论》(下),林山田发行 2008 年版,第 432 页。

和费尔巴哈并非单纯的一般预防主义者，因为贝卡利亚与边沁主张刑罚的目的不但在于一般预防，而且在于特殊预防，而费尔巴哈甚至在一般预防之外还有几分报应论的色彩，但是，他们注重的是一般预防，将一般预防作为刑罚的主要目的。而且，他们有关一般预防的论述远比其他论述深刻，其一般预防论的影响远大于其他理论，相应地，将他们归于一般预防论者，未必失当。①

作为一般预防理论的奠基人，贝卡利亚在《论犯罪与刑罚》一书中指出“刑罚的目的既不是要摧残折磨一个感知者，也不是要消除业已犯下的罪行……刑罚的目的仅仅在于：阻止罪犯再重新侵害公民，并规诫其他人不要重蹈覆辙”。② 在这里，贝卡利亚阐释了刑罚的目的在于预防犯罪，其中，“阻止罪犯再重新侵害公民”属于特殊预防，而“规诫其他人不要重蹈覆辙”便是指一般预防。虽然贝卡利亚同时提到刑罚的一般预防与特殊预防，但是他认为一般预防才是刑罚的政治目的。他说：“当恶果已成为无可挽回的事实之后，只是为了不使他人产生犯罪不受惩罚的幻想，才能由政治社会对之科处刑罚。”③

边沁关于刑罚一般预防的思想深受贝卡利亚的影响，他认为“刑罚之直接的主要目的是控制人的行为”，即“不只是控制因违法被判刑后正在服刑的人的行为，而且控制一旦违法便应受惩罚的人的行为”，亦即特殊预防与一般预防，但是，“刑罚的主要目的是

---

① 邱兴隆：《从一元到多元：一般预防论的流变》，载《法学评论》2000 年第 5 期。

② ［意］贝卡利亚：《论犯罪与刑罚》，黄风译，中国大百科全书出版社 1993 年版，第 42 页。

③ ［意］贝卡利亚：《论犯罪与刑罚》，黄风译，中国大百科全书出版社 1993 年版，第 31 页。

一般预防,因为它是刑罚的真正的目的”。[①]

费尔巴哈受到边沁功利思想的影响,提出了心理强制说。心理强制说最能代表一般预防论,即通过对犯罪规定和适用刑罚而向一般人宣告:谁实施犯罪行为谁就受到刑罚处罚,从而威慑一般人,使其不敢犯罪。虽然费尔巴哈也曾表示,法官的任务是使犯罪人受到罪有应得的惩罚,即让法定的刑罚变为现实的刑罚,因而颇具报应意蕴。但是,在他看来,这种司法报应的前提是立法威吓,即刑罚在立法上的存在为的是威吓一般人,使之不敢犯罪,司法上的依法用刑只不过是促成与稳固人们对刑罚的立法威吓作用的确信,因此,在费尔巴哈的刑罚根据论中,以立法威吓为内容的一般预防论占主导地位。[②]

一般预防论的主张可以从以下三个方面来阐述。

(一)一般预防的目的

一般预防的目的当然是预防犯罪的发生,从这一点上来说,它与特殊预防是一样的。不同的是,一方面,一般预防强调的是“罪前预防”,即在犯罪未发生前,防止犯罪的发生。国家希望通过刑罚运用所产生的痛苦或其他负面效果,抑制社会上有实施违法犯罪危险之人的犯罪意念,使之不敢实施犯罪。[③] 罪前预防是最有效益的一种犯罪预防。因为犯罪一旦发生,必然会给个人、社会造成

---

① 转引自邱兴隆:《从一元到多元:一般预防论的流变》,载《法学评论》2000年第5期。

② 张卫平、邱兴隆:《费尔巴哈早期刑法思想剖析》,载《外国法学研究》1986年第1期。

③ 马聪:《刑罚一般预防目的的信条学意义研究》,中国政法大学出版社2016年版,第111页。

危害与损失，采取任何措施只能是亡羊补牢，而不能完全消除已然犯罪造成的恶果。与一般预防不同，特殊预防主要是罪后预防。另一方面，一般预防主要追求的是社会上犯罪现象的减少，具体地说，是犯罪总数和犯罪率的减少与下降，比较宏观。而特殊预防主要追求的是个别的犯罪人得到控制与矫正，不致再危害社会，比较具体。

（二）一般预防的对象

从字面上看，一般预防的对象当然是一般人。问题是，“一般人”到底包括哪些人？关于这一问题的回答存在以下争议：第一，一般预防对象是潜在犯罪人还是社会所有人；第二，是否应把守法公民列为一般预防的对象；第三，一般预防对象是否包括犯罪人。第一点争议和第二点争议属于同一个争议，焦点就在于是否应该把守法公民列为一般预防。否定说认为：广大奉公守法的群众是预防犯罪所依靠的力量，是同犯罪分子作斗争的主体，蕴藏着同犯罪作斗争的积极性，绝大多数公民不犯罪，绝非出于刑罚的威慑，而是出于他们主人翁的责任感和遵纪守法的自觉性。因而守法公民不应该是预防犯罪的对象。[①] 如果把他们推入预防的对象行列，预防犯罪的事业就失去了坚强的依靠，寸步难行。肯定论者辩称：“奉公守法者如果受到腐蚀变为有犯罪倾向者时，自然他就成为一般预防的对象；不过这时他已从奉公守法者的行列转到不稳定分子的行列去了，他也是作为社会不稳定分子而成为一般预防对象的。但不能得出结论，广大奉公守法的公民都是一般预防的对

---

① 何秉松：《刑法教程》，法律出版社 1987 年版，第 149 页。

象。”[①]关于一般预防的对象不应从政治意义上去解读，而应从预防犯罪需要的角度去把握，一般预防将守法公民纳入预防对象并不暗含着对这些人的否定。如果按照这种逻辑，刑法要求人人遵守，就得出国家对所有人的不信任，岂不荒谬。一般预防将守法公民纳入预防对象只是防患于未然的考虑。笔者认为，肯定论的观点更加可取。如张明楷教授就认为：“刑法是以一般人为对象的规范，而不是针对少数人的规范，其规定的刑罚所具有的威慑作用无疑也是针对一般人而言的，过去守法的公民并不意味着今后必然也是守法公民；事实上任何人都可能通过刑罚的适用得到警醒；刑罚事实上对任何人都起着一般预防的作用。”[②]

至于第三点争议，即一般预防对象到底包括不包括犯罪人的问题。有学者认为，一般预防并非仅仅针对犯罪人或者犯罪人之外的其他人而言，而是针对包括犯罪人在内的整个社会的全体公民。[③] 理由是：一方面，一般预防追求的是社会犯罪现象的减少，当然包括犯罪人再次实施犯罪的情况；另一方面，一般预防的作用机制对包括犯罪人的所有人都适用。笔者认为，这种观点的理由是站不住脚的：第一，一般预防追求的是社会犯罪现象的减少，但却是以预防一般大众犯罪来达到此目的。不能由前者推出一般预防对象包括犯罪人。第二，一般预防的作用机制的确对犯罪人也适用，但是一般预防是依据一般人的标准适用刑罚，而不是依据犯罪人的特殊情况来适用刑罚。从费尔巴哈所主张的刑罚本身的威慑效应来看，刑罚针对的是一般社会大众，包括未来实施犯罪的人。

---

① 马克昌：《刑罚通论》，武汉大学出版社 1995 年版，第 64 ~ 65 页。

② 张明楷：《刑罚学》（上），法律出版社 1997 年版，第 406 页。

③ 邱帅萍：《刑罚目的论：基于近现代思想史的考察》，知识产权出版社 2016 年版，第 66 页。

但是这些未来实施犯罪的人在当时只是潜在的犯罪人,还不能被称为犯罪人。刑罚威慑效应所参照的标准不是具体的犯罪人,而是抽象的一般人。正是基于这样的一种思考,费尔巴哈才明确主张罪刑法定原则。他认为,如无法律明确之禁止,则刑罚威慑将丧失其对于一般社会大众的心理强制作用。[①] 费尔巴哈还主张严格按照法律规定适用刑罚,这就排除了在个案中根据犯罪人的特殊情况来量刑的可能性。

(三)一般预防的手段

一般预防的手段或者说是作用机制是发挥刑罚的威慑效应。费尔巴哈的心理强制说对刑罚的威慑效应说得很清楚。犯罪是一种恶,刑罚也是一种恶,而且是比犯罪更加痛苦的一种恶。人具有追求快乐、逃避痛苦的一种本能。人在实施犯罪前,会权衡犯罪所获得的快乐与可能受到的刑罚处罚所带来的痛苦,通过比较会发现刑罚痛苦甚于犯罪所得之快乐,便会放弃犯罪。[②] 费尔巴哈强调的刑罚一般预防效应,主要针对的是法律所规定的刑罚而言的,即法律明文规定的刑罚要足以威慑所有可能的侵害法律者;至于刑罚适用于犯罪人所产生的效应,即刑罚适用的效应,并非一般预防思想的本然目的,充其量仅是在于确立法律规定刑罚的有效性而已。[③] 正因如此,费尔巴哈才会主张在司法阶段法官的任务是依据法律使犯罪人受到应得的惩罚,具有报应的思想色彩。这一点与贝卡利亚的观点异曲同工,贝卡利亚也主张,在司法中法官不要去

---

① 柯耀程:《变动中的刑法思想》,中国政法大学出版社 2003 年版,第 371 页。

② 徐久生:《费尔巴哈的刑法思想——费氏眼中的刑法与社会》,载《北方法学》2013 年第 5 期。

③ 柯耀程:《变动中的刑法思想》,中国政法大学出版社 2003 年版,第 371 页。

考虑法律的目的,只要严格适用法律就好了。[①]

二、一般预防论的理据

一般预防论主张一般预防是刑罚的主要目的,是刑罚正当性的根据所在。一般预防论依据的理念是目的论思想。目的论是将目的作为评价一个行为是否正当的根据。目的论的行为特征是行动者通过选择一定有效的手段或途径,并以适当的方式来运用这种手段,从而实现其目的。[②] 目的作为评价行为是否正当的根据的前提是,目的必须是有价值的目的。如果目的没有价值或有负价值,那么实现目的的手段不仅不是正当的,而且可能是有害的。

(一)一般预防目的的价值

一般预防的目的是预防犯罪,确切地说是预防一般人的犯罪。而预防犯罪从语词上看显然是有价值的。因为"犯罪"一词已经表明这种行为是恶的、是不好的,所以预防犯罪当然就是善的、是好的。但是,这不能免除人们的疑惑,预防犯罪到底有什么好处呢?诚如黄荣坚教授所说,"刑法的目的在于预防犯罪"这一句话在技术上并没有把刑罚的目的表达彻底。[③] 因此,在说明刑法目的时,还要明确预防犯罪有什么好处。

贝卡利亚认为,"预防犯罪比惩罚犯罪更高明,这乃是一切优秀立法的主要目的。从全面计量生活的幸福和灾难来讲,立法是

---

① [意]贝卡利亚:《论犯罪与刑罚》,黄风译,中国大百科全书出版社 1993 年版,第 12 页。

② 龚群、陈真:《当代西方伦理思想研究》,北京大学出版社 2013 年版,第 113 页。

③ 黄荣坚:《基础刑法学》(上),中国人民大学出版社 2009 年版,第 12 页。

一门艺术，它引导人们去享受最大限度的幸福，或者说最大限度地减少人们可能遭遇的不幸”。[①] 从这一表述来看，贝卡利亚认为预防犯罪的价值在于引导人们享受最大限度的幸福，这是典型的功利主义观点。不过，这不是贝卡利亚意思的全部。他还认为“离群索居的人们被连续的战争状态弄得筋疲力尽，也无力享受那种由于朝不保夕而变得空有其名的自由，法律就是把这些人联合成社会的条件。人们牺牲一部分自由是为了平安无扰地享受剩下的那份自由”。[②] 因此，法律的存在就是为了保护人们享有的那份自由。而犯罪恰恰是对人们享有的那份自由的侵犯，所以用刑罚预防犯罪也是在保护人们享有的那份自由。在贝卡利亚这里，功利与自由的追求并不矛盾，自由被看作最大的功利。这一点，贝卡利亚与密尔的观点相近。

边沁将功利主义思想运用于刑罚制度。边沁认为，功利原理就是指“按照增大或减小、促进或妨碍利益有关者的幸福的倾向，来赞成或非难任何一项私人行动与政府措施”[③]。基于该原理，边沁认为犯罪是一种恶，刑罚也是一种恶，只有当刑罚所能预防和限制的犯罪的恶多于刑罚的恶，能够给社会带来更多的幸福，刑罚才是正当的。正如比多指出的，“边沁相信供选择的社会政策能够通过参考其在实现各种目的方面的效果而得到评价，但是，最终紧要的唯一目的状态是最大幸福状态。因此，在他的理论中，供某一社

---

① ［意］贝卡利亚：《论犯罪与刑罚》，黄风译，中国大百科全书出版社 1993 年版，第 104 页。

② ［意］贝卡利亚：《论犯罪与刑罚》，黄风译，中国大百科全书出版社 1993 年版，第 8 页。

③ ［英］边沁：《道德与立法原理导论》，时殷弘译，商务印书馆 2000 年版，第 58 页。

会采纳的合理或可以证明为正当的刑罚是最有效地产生最大幸福的刑罚。”①

费尔巴哈不是一个功利主义者,虽然他的心理强制说借鉴了功利主义关于人的基本观念。费尔巴哈不认为功利主义原则是法律正当性之根据。他对法律的认识更接近于康德。费尔巴哈十分重视人的自由意志形成的权利,认为个人自由是每一项公共事业的前提和条件,将个人自由权的行使视为法秩序的最高准则。② 费尔巴哈认为:“国家的目的在于使全体市民互相拥有自由,换言之,每个人都处于能够完全行使自己的权利的状态,每个人都处于法律的保护而不受权利侵害的状态就是国家的目的所在。因此,一切权利侵害都违背了市民结合的本质及目的。所以,为了达成这一目的,在国家中不再发生任何权利侵害是绝对必要的。”费尔巴哈在其《德国普通刑法教科书》中更是明确指出:“对权利的侵害,不管其属于什么种类,都违反了国家的目的。对国家而言,无权利侵害的发生是绝对必要的。而且,国家拥有采取措施使权利侵害变得不可能的权限和义务。”③因此,费尔巴哈认为,预防犯罪的价值就在于维护法律秩序,进而保护公民的权利不受侵害。

(二)趋乐避苦的理性人

一般预防论以一般人为预防对象,前提是必须承认一般人有

---

① Hugo Adam Bedau, *Death Is Different: Studies in theMorality, Law, and Politics of Capital Punishment*, Boston, Northeastern University Press, 1987, p. 68.

② 徐久生:《费尔巴哈的刑法思想——费氏眼中的刑法与社会》,载《北方法学》2013 年第 5 期。

③ 徐久生:《费尔巴哈的刑法思想——费氏眼中的刑法与社会》,载《北方法学》2013 年第 5 期。

共性。否则,人各不同,不可能有统一方案的预防措施与手段。一般预防论认为一般人的共性是趋乐避苦的理性人。而所谓趋乐避苦的理性人包含两层意思:一层意思是说人们皆是趋乐避苦的,这是人之本性或本能;另一层意思是说人能够对行为可能招致的苦与乐进行计算、比较,这是人与动物的区别所在。

贝卡利亚的思想受到爱尔维修的影响。爱尔维修是一个功利主义者,一个主张功利的哲学家,他认为一个行动在多大程度上是正当的或错误的,取决于该行动在多大程度上具有有用的或无用的结果,也就是说,为有关的个人提供快乐或者痛苦。[①] 与之相同,贝卡利亚认为"欢乐和痛苦是支配感知物的两种动机","促使我们追求安乐的力量类似重心力,它仅仅受限于它所遇到的阻力"。[②] 虽然是只言片语,但是反映出贝卡利亚将人视为趋乐避苦的理性人的观念。

在这里需要澄清一个误解。贝卡利亚往往被归入古典刑法学派,并认为他是自由意志论者。如有学者认为人的意志只是在如何享乐以及享乐到什么程度的计算时,才具有限制性,但是人在根据已经计算出的结果选择自己的行为时,意志仍然是充分自由的。[③] 这种观点其实是有问题的。贝卡利亚在论述犯罪原因时,除了反映出苦乐计算的基本心理学依据外,更重要的是体现了机械唯物主义关于人的感受性的基本原理。在《论犯罪与刑罚》一书中,贝卡利亚指出,人的意志不可能绝对自由。人的意志永远与其

---

① [挪]G. 希尔贝克、[挪]N. 伊耶:《西方哲学史》,童世骏、郁振化、刘进译,上海译文出版社 2004 年版,第 325 页。

② [意]贝卡利亚:《论犯罪与刑罚》,黄风译,中国大百科全书出版社 1993 年版,第 65 ~ 66 页。

③ 张筱薇:《比较外国犯罪学》,百家出版社 1996 年版,第 33 页。

源泉,即感官印象相对称,没有一个人能够使自己的思想超越生活的要求。所以,人的意志并不自由,人的意志决定于感官的印象,而感官的印象则是人们自身的感受和追求物质生活的行为选择标准。人只有依据这些标准,才能对自己的行为创出趋利避害的最终选择。① 即使说贝卡利亚是自由意志论者,也应该认识到贝卡利亚式的自由意志论与康德式的自由意志论是有质的差异的。

边沁的思想受到贝卡利亚思想的影响。边沁也认为人的本性或人类的基本规律就是避苦求乐。边沁的《道德与立法原理导论》一书的第一句话便是"自然把人类置于两位主公——快乐和痛苦——的主宰之下。只有它们才指示我们应当干什么,决定我们将要干什么。是非标准,因果联系,俱由其定夺。"②边沁认为,任何动机的产生,或者由于求乐的缘故,或者由于避害的缘故。犯罪行为同样是行为人在追求快乐和避免痛苦的力量驱使下的理性选择的结果。③ 注意,这里的"理性选择"指的就是苦乐计算,而非自由意志。

费尔巴哈认同边沁关于人的基本认识。在费尔巴哈看来,人具有追求快乐、逃避痛苦的本能。他说:"人欲求快乐,所以努力得到一定的快乐。人又想逃避一定的痛苦。为什么? 因为不快乐既然与他的本性相矛盾,人一般地就不能逃避它。因而人在可能获得较大的快乐时,就断绝较小快乐的意念;而可能避免较大痛苦

---

① 张筱薇:《比较外国犯罪学》,百家出版社 1996 年版,第 33 ~ 34 页。

② [英]边沁:《道德与立法原理导论》,时殷弘译,商务印书馆 2000 年版,第 57 页。

③ 李明琪主编:《犯罪学原理》,中国人民公安大学出版社 2013 年版,第 31 页。

时,就会忍耐较小的不快乐。”①所以,当其欲求未能得到满足时而产生的小的不快,就会驱使人们去回避这种不快,让其为满足自己的欲望而采取行动。但是,在这种场合,作为行为先决条件的巨大痛苦会对抗试图采取行为的欲求,从而指明相反的方向,形成新的欲求的动机生成源,让其行为主体产生一种更占优势的回避这种痛苦的精神动向,最终使其放弃那种伴随着巨大痛苦的行为。②

(三)刑罚的威慑效用

基于趋乐避苦理性人的观念,一般预防论认为刑罚的威慑作用是刑罚预防犯罪的关键所在。

费尔巴哈认为既然人是避苦求乐的理性人,“因此,如果全体市民能够事先明确意识到:触犯法律将招致的痛苦较之(作为快乐客体的)违法行为的欲求不能被满足而产生的痛苦更大,那么违法行为就能够被阻止了。”也就是说,费尔巴哈将“违法行为将招致的更大的痛苦”作为“感性动机生成源”,以此对抗“违法行为将获得的更小的快乐”,从而,从心理上强制人们选择“相反的精神动向”不实施违法行为。借助“心理强制”即利用人们“趋乐避苦”这一心理特征来阻止权利侵害的发生,正是费尔巴哈“心理强制说”的核心所在。③

与费尔巴哈一样,贝卡利亚、边沁也强调刑罚的威慑作用。不仅如此,贝卡利亚和边沁依据功利主义的最大多数人的幸福原则,主张只有在必要的情况下才使用相应的刑罚。贝卡利亚主张刑罚

---

① 转引自[日]山口邦夫:《19世纪德国法学研究》,八千出版股份公司1979年版,第26页。

② 彭颖:《费尔巴哈“心理强制说”研究》,湘潭大学2016年硕士学位论文。

③ 彭颖:《费尔巴哈“心理强制说”研究》,湘潭大学2016年硕士学位论文。

的苦应该大于犯罪的乐，从而使得刑罚确实起到抑制犯罪动机的作用。同时贝卡利亚也提出，罪与刑要相对称，即重罪重罚，轻罪轻罚。如果轻罪重罚，就找不到有效抑制重罪的刑罚了，人们的道德情感也会遭到破坏。贝卡利亚认为需要有一个相应的、由最强到最弱的刑罚阶梯。有了这个阶梯就有了一把衡量自由和暴政程度的潜在的共同标尺，它显示着各个国家的人道程度和败坏程度。① 边沁提出了不得适用刑罚的四种情况：第一，当刑罚没有理由之时，亦即当不存在需要它来防止的损害之时；第二，当刑罚无效之时，亦即当其不能起到服务于防止损害的作用之时；第三，当刑罚无益之时，亦即当其产生的损害大于它所防止的损害之时；第四，当刑罚不必要之时，亦即当不需刑罚，损害便可以得到防止或会自动停止之时。②

第二节　刑罚一般预防论的批评

一般预防论一度曾是刑罚正当性根据的通说，但是随着社会的不断向前发展，科学技术的不断进步，一般预防论的弊端与不足逐渐显现，并被人们所认识。尤其是在特殊预防论的冲击下，一般预防论遭到越来越多的质疑。

一、趋乐避苦理性人的片面性

趋乐避苦理性人是一般预防论关于人的基本观念：一方面，人

---

① ［意］贝卡利亚：《论犯罪与刑罚》，黄风译，中国大百科全书出版社 1993 年版，第 66 页。

② ［英］边沁：《道德与立法原理导论》，时殷弘译，商务印书馆 2000 年版，第 352～354 页。

们是基于苦乐计算而行动的;另一方面,人们具有相同的苦乐计算方式。正是基于这样一种人性的基本观念,一般预防论提出了以刑罚的威慑效应预防一般人犯罪。现在我们就来考察一下趋乐避苦理性人观念,看其是否符合真实人的情况。如果趋乐避苦理性人的观念不符合真实人的情况,那么刑罚的威慑效果将大打折扣。[①] 需要说明的是,苦乐计算来自利害计算。[②] "据说,将利益、幸福等模糊概念还原到一个事实,这个事实是如此精确,似乎可以用量化的描述。"[③]然而,从术语的实际使用情况来看,乐与苦基本上对应于利与害。否则,犯罪也不会被看作一种乐,毕竟有些犯罪很难说会给人带来快乐。因此,苦乐计算与利害计算的意思基本是相同的,可互换使用。

首先,人不只是趋乐避苦的。说人有趋乐避苦的一面是真理,但是说人只是趋乐避苦的则是谬误。从社会生物学的角度来看,人作为一种生物当然有自保的本能,都要谋求自身的利益,否则人就很难生存。如道金斯所说,人具有"自私的基因"。在道金斯看来,自然选择的单位是基因,生物个体,包括人类,都只是基因复制

---

① 需要说明的是,考察趋乐避苦理性人的观念不是要证明刑罚威慑的无效。如果是那样的话,就犯了逻辑上否定前件的错误(Fallacy of Denying the Antecedent)。举例来说,要验证下雨必定有云这个含意(验证 A→B),是要以没有云就没有雨(Not B→Not A)的事实作反证。以没有雨就没有云(Not A→Not B)来验证,是谬误。A 的发生含意 B 的发生,A 的不发生完全不含意 B 会怎样。参见张五常:《经济解释》(第 1 卷),中信出版社 2010 年版,第 55 页。考察趋乐避苦理性人的观念实际上是要解释刑罚威慑未达到理想效果的原因。如果严格按照一般预防论的逻辑,刑罚威慑的理想效果应该是抑制每个人的犯罪动机,从而实现"天下无贼"的局面。但现实的情况显然不是这样的,每天每时甚至每刻都有人在犯罪,虽然有刑法也有警察。

② 陈嘉映:《何为良好生活》,上海文艺出版社 2015 年版,第 182 页。

③ 《杜威全集》(晚期著作第七卷),魏洪钟、蔡文菁译,华东师范大学出版社 2015 年版,第 191 页。

自身的生存机器,而基因则是这台机器的发动机。从长时段的自然选择的角度来看,只有那些善于保护自己和复制自己的基因留存下来,也就是说,只有那些自私的基因留存下来,“成功的基因的一个最突出的特性就是它的无情的自私”。[①] 道金斯所说的“自私”不具有贬义,而是中性的,相当于“自利”。人确实具有自利的本能,它是我们理解其他一切行为——无论是自私行为还是无私行为——的基础。用贺麟的话来说,“真正说来,功利是实现理想、道德所必不可少的条件”。[②] 但是,这并不意味着人只是出于自利的动机而行动的。人不能被还原为动物本能,否则人与动物就没有了区别。自利本能是人的构成要素,但不是人自身。这就如同纸是以木头为原料的,但是纸不能被还原为木头。

实际上,除了自利的理性外,人们还会考虑其他很多因素,如他人的利益、社会上的道德和法律规范等。人们的行动是由这些因素共同作用的结果,而不只是苦乐计算的结果。有些犯罪确实是犯罪人出于自利的动机而作出的,而有些犯罪则显然不是出于自利的动机作出的。比如,大义灭亲的案件。在这样的案件中,犯罪人将自己的子女杀死,以防止其继续为非作歹,这哪里还是出于自利的动机,又哪里因为犯罪会给自己带来快乐。著名经济学家阿玛蒂亚·森认为,尽自己的最大努力实现自己追求的东西是理性的一部分,这其中还可能包括对非自利目标的促进,那些非自利目标也可能是我们认为有价值的或愿意追求的目标。为什么一个人只有追求自己的个人利益并拒绝除此之外的其他任何东西才是

---

① [美]理查德·道金斯:《自私的基因》,卢允中等译,吉林人民出版社 1998 年版,第 3 页。

② 贺麟:《功利主义的新评论》,载宋志明编:《贺麟新儒学论著辑要》,中国广播电视出版社 1995 年版,第 381 页。

唯一有理性的呢？当然，如果说自利最大化不是非理性的行为可能还有一定合理之处，至少不是完全荒谬的；但是如果说除了自利最大化以外的其他任何行为都一定是非理性的，恐怕就很少有人能够接受了。[①] 犯罪学研究表明，导致行为人实施犯罪的原因多种多样，犯罪的动机足够丰富，认为犯罪人只是基于苦乐计算而决定是否实施犯罪的看法不符合实际情况。

其次，人不只有理性。实际的人是丰富的，除了理性之外，人还有情感、直觉、信念等。有的思想家，如休谟，就认为"理性是，而且只应该是情感的奴隶，除了服务和服从情感之外，理性再也没有别的职务。"[②]休谟的观点也许有点极端，但是他强调情感在行为选择中的重要作用却是符合事实的。[③] 情感、直觉、信念是直接影响人的行为的，而理性是间接影响人的行为的。理性可以影响、改变，甚至参与塑造情感、直觉、信念，进而影响行为。但是，有时理性并不起作用，因为情感、直觉、信念都具有一定的稳定性或者说是顽固性。海特把人的理性比作骑象人，把情感、直觉、信念比作大象。他认为，多数情况下骑象人不是控制大象的行动，而是听从大象的意见和指令。[④] 例如，冲动型的犯罪。行为人在强烈的情绪主导下，这种情绪可能是愤怒也可能是兴奋，完全不考虑后果，从而实施犯罪行为。在这种类型的犯罪中，理性甚至完全不起作用。再举一个例子，自杀式恐怖袭击。有些恐怖分子受到极端思想的

---

① ［印］阿玛蒂亚·森：《伦理学与经济学》，王宇、王文玉译，商务印书馆 2000 年版，第 21 页。

② ［英］休谟：《人性论》，关文运译，商务印书馆 1980 年版，第 453 页。

③ ［美］乔纳森·海特：《正义之心》，舒明月、胡晓旭译，浙江人民出版社 2014 年版，第 69 页。

④ ［美］乔纳森·海特：《正义之心》，舒明月、胡晓旭译，浙江人民出版社 2014 年版，第 69 ~ 72 页。

蛊惑，采取自杀式恐怖袭击。对这些恐怖分子来说，死亡就是一种牺牲，哪里还有什么理性计算。“人性中有很多比自私自利严重得多的缺陷，比如人的贪婪、阴险，比如专制者的残暴。很多邪恶并不来自利己的动机，事实上也并无利己之效。”①

再次，人们对苦乐的看法是不同的。人们不具有同样的苦乐计算方式，因为人们对什么是苦、什么是乐，以及其苦乐的大小看法是不同的。有人得意山珍海味，而有人却对粗茶淡饭甘之如饴；有人喜欢前呼后拥的感觉，有人向往平淡安静的生活。由于身份、地位、价值观念、生活境遇等的不同，人们对苦乐的看法不可能相同。就刑罚来说，一个生活优渥、养尊处优的人和一个生活贫困、疲于奔命的人，对被剥夺自由的看法是不同的，甚至对被剥夺生命的看法都不同。同样是三年有期徒刑，对富人和对穷人的意义相同吗？对累犯、惯犯和对初犯、偶犯的意义相同吗？答案是不同。

最后，人们苦乐计算的能力是不同的。苦乐计算的前提是要能够认识到什么行为会带来什么样的后果。如果不能认识到行为的后果，那么就没有通过计算选择行为的可能。有的人受过良好教育，知法懂法，知道其要实施的行为是否构成犯罪，以及可能受到惩罚的轻重。而有些人没有受过教育，不知法不懂法，不清楚其行为是否构成犯罪，也不清楚可能受到惩罚的轻重。对于这两种人，法律规定的刑罚的效果是不同的。另外，已经受过刑罚惩罚的人和那些没有受过刑罚惩罚的人对刑罚的理解也是不同的。已经受过刑罚惩罚的人对刑罚有切身体会，没有受过刑罚惩罚的人对刑罚没有切身的体会，前者对刑罚的理解要比后者的理解深刻得多。

---

① 陈嘉映：《何为良好生活》，上海文艺出版社 2015 年版，第 51 页。

另外,还存在非理性的人,如精神病人。精神病人不能被当成理性人来看待。我国《刑法》第 18 条第 1 款规定:“精神病人在不能辨认或者控制自己行为的时候造成危害结果,经法定程序鉴定确定的,不负刑事责任,但是应当责令他的家属或者监护人严加看管和医疗;在必要的时候,由政府强制医疗。”

总之,趋乐避苦理性人观念具有片面性,并不能反映现实中的人们的真实面貌。即使是在经济学领域,这种理性人的观念也招致了大量的批评,被认为过于狭隘。① 以趋乐避苦理性人观念为基础的一般预防论,必然存在一定的局限。

二、威慑的局限性

既然趋乐避苦理性人是片面的,并不完全符合真实人的情况,那么以这种观念为逻辑前提的刑罚威慑效应必然存在局限性。帕克曾指出:遏制有其局限性,对这些局限性的无视毫无疑问地促进了对其的不信任②。

(一)因人而异

刑罚威慑作用的基本前提是人可以准确地理解与认识法律规范及刑罚,即以充分的理智为前提,明知自己的行为将构成犯罪,并且确信刑罚是不可避免的后果,并以此对刑罚产生回避性反应。具体而言,刑罚威慑作用的发挥在很大程度上取决于被威慑对象对于刑罚的性质和意义的认识程度。但由于各人的发育状况、智

① [印]阿玛蒂亚·森:《伦理学与经济学》,王宇、王文玉译,商务印书馆 2000 年版,第 17 页。

② Herbert L. Packer, *The Limits of the Criminal Sanction*, Stanford, Stanford University Press, 1968, p. 45.

力状况不同,因而对于刑罚的意义的认识也大不相同:发育成熟、智力状况正常者对于法律的规定清楚明确,也深知犯罪与刑罚之间的必然联系,因而一般能积极守法,不蹈法网;发育迟缓、智力迟钝者对于犯罪与刑罚的关系不甚明确,也不理解犯罪与刑罚之间的必然联系,因而往往越轨犯罪而不自觉,因此,刑罚对于他们的威慑作用也较一般人为差。还有一些可称为"亡命徒"的犯罪人,虽然明知自己犯罪行为的严重性并确信犯罪后必然被判处重刑,却仍然要孤注一掷实施犯罪。对这一类犯罪人,刑罚的威慑力明显没有任何意义。[①] 不仅如此,有的人还可能会将刑罚的威慑看作一种挑战,从而受其吸引而实施犯罪。如哈格说过:"与威吓打赌或受否定威吓所刺激的人,只有在机会对其极为不利之时才受遏制。他们可能把轻微的威吓与不可能兑现的威吓理解为吸引力。"[②]也就是说,刑罚的威慑对于以接受惩罚为荣耀之人同样无效。

除此之外,对于侥幸心理较强之人,刑罚的威慑效果对其意义不大。在犯罪心理学中,侥幸心理是一种趋利避害的冒险的投机心理。行为人在认识上,即使认为不一定成功,也决心要付诸实施。在犯罪之前,侥幸心理表现得十分明显。许多案犯在犯罪心理形成和实施犯罪的过程中,一方面惧怕失败,另一方面又自我安慰。或许,他并未意识到自己的某种行为会遭到刑罚制裁,但是,这种行为会带来其他严重的自身决意避免的后果之时,也会达到遏制犯罪的效果。"但具体案件的当事人,心理上缺乏的却正是这

---

① 韩轶:《对刑罚一般预防的再认识》,载《法学评论》2000 年第 6 期。

② Ernest van den Haag, *Punishing Criminals: Concerning A Very Old and Painful Question*, New York, Basic Books, Inc. Publishers, 1975, p. 65.

种‘确信’。他们根本不相信自己的犯罪行为会败露，对于自己逃脱惩罚的机率充满侥幸”[①]。而且犯罪的侥幸随着作案成功的经验而增强。加之司法实践中还不能完全做到有罪必罚，在一些情况下犯罪人尚逍遥法外，这些均将人的侥幸心理扩大化，因而刑罚对犯罪人以外的其他人的一般预防作用必然随之大打折扣。

另外，威慑作用的程度取决于主体的社会道德的败坏程度。毫无疑问，个体在这方面越败坏，即社会化程度越低，就越难通过刑罚的威胁对其产生作用。对更有教养和道德的公民来说，轻缓的刑罚即较少的威慑剂量，就能起到很好的效果。[②] 如犯罪社会学派的创始人菲利根据道德水平的高低将社会上的人分为三个阶层[③]：第一个阶层是最高阶层，他们基本上是诚实的，由于受道德、宗教感和公众舆论及遗传的道德习惯的约束而不犯任何罪行。对于这个阶层来说，任何刑法都是不必要的，只可惜这部分人的数量太少。对于第一阶层的人来说，严重的刑罚对其有威慑力，但是，即使不用严重的刑罚，用其他较轻的刑罚予以制裁，乃至仅仅进行名誉上的制裁，这些人也不会选择犯罪。因为这些人实施行为的主要决定因素不是恐惧惩罚的威慑，而是“行为被基于道德、信仰或者伦理的理由而否定的范围”[④]。第二个阶层是最低阶层，由那些抵制各种诚实情感的人组成。由于未受过教育，他们不断被物质和精神上的双重贫乏拖回到生存竞争的原始状态中去。他们从

---

① 贾宇：《死刑的理性思考与现实选择》，载《法学研究》1997 年第 2 期。

② ［阿塞拜疆］N. M. 拉基莫夫：《犯罪与刑罚哲学》，中国政法大学出版社 2016 年版，第 230 页。

③ ［意］恩里科·菲利：《犯罪社会学》，郭建安译，中国人民公安大学出版社 2004 年版，第 50 页。

④ 邱兴隆：《比较刑法——死刑专号》，中国检察出版社 2001 年版，第 336 页。

其父母那里继承了变态的生理结构，再加上退化和隔代遗传的疾病又一并传给他们的子女。这就成为天生犯罪人的滋生地。对于这种天生犯罪人来说，作为法律威慑的刑罚没有任何意义，因为他们不具备能够区分刑罚与其他从事各种日常的诚实工作时所产生的危险的道德感。第三个阶层的人并不是天生注定要犯罪，但也不一定诚实，在善与恶之间徘徊。他们的道德感、所受的教育和训练不完善。刑罚对他们可以真正起到心理威慑的作用。由此得出的结论是：刑罚的威慑对第一阶层的人用不着，对第二阶层的人又不起作用，而只对在善恶之间徘徊的很少一部分人，即我国刑法学界称为潜在犯罪人的人有效。因此，要减少犯罪，就只能利用犯罪成本大于收益的刑罚对潜在犯罪人发挥威慑的效果①。

（二）因罪而异

安德聂斯认为，一般预防的效果会因犯罪的不同而有所不同。他提出，由于自然犯受制于道德禁忌与法律禁忌双重因素，刑罚对其的一般预防作用易于发挥，与此不同，法定犯不存在违背道德的问题，而属于单纯的违法行为，因此，刑罚对其的一般预防作用难以见效②。事实上，一般预防不只是对自然犯与法定犯效果有别，而且对特定种类的犯罪难以收到对普通犯罪一样的遏制之效，并且，其原因又因罪而异。除此之外，即便是在自然犯与法定犯的内部，一般预防也存在差别。在自然犯中，基于本能的某些犯罪如性犯罪、瘾癖犯罪（包括由毒瘾派生的盗窃、抢劫犯罪）、性变态而实

① 肖洪：《刑罚目的应该是一般预防》，载《现代法学》2007年第3期。

② 邱兴隆：《关于惩罚的哲学——刑罚根据论》，法律出版社2000年版，第109页。

施的性犯罪，一般预防的效果往往不佳，因为瘾癖得不到满足不可避免地会给人造成强烈的心理与生理痛苦，这种痛苦构成抵消刑罚的威吓力的因素，迫使人们为满足瘾癖不顾刑罚威慑而犯罪。同时“作为人的第一需要，本能性需求受阻给主体造成的肉体痛苦或心理压抑通常比社会性欲不满足的压力更为现实具体。为了揭穿本能性欲求受阻所带来的痛苦和压抑，主体常常饮鸩止渴，肆无忌惮地实施犯罪行为”。[①] 在这种情况下，明知犯罪会受到惩罚，也必欲犯之而后快。

在法定犯中，有些犯罪是基于行为人具有某种强烈的信念而实施，如危害国家安全的政治性犯罪人可能十分清楚其犯罪与刑罚之间的必然联系，但这些被刑法学家称为“确信犯”的人往往对于刑罚持蔑视态度，对其理想和信念的确信，早已淹没了对刑罚的恐惧，固执地将受刑罚惩罚本身作为自己为实现其犯罪目的而献身的代价，因而刑罚对其的威慑力也是相当微弱的。还有些利益驱动型犯罪，如走私、贩毒、抢劫、贪污、受贿等，由于一旦得逞，获利巨大，因而尽管法律规定了较重的刑罚，但这些犯罪仍常常发生。可见，刑罚的威慑力对于可获利益越大的犯罪越弱。另有些外界催动下的犯罪，如突发性犯罪、激情犯罪等，行为人常常是临时起意，或者为发泄某种强烈的欲望冲动和摆脱某种压抑的情感而实施，其行为往往也不计后果，对这些人，刑罚的威慑力可以说来不及发挥。因这些犯罪人往往不可能准确地去酌量其犯罪可能造成的法律后果，更不可能清醒地权衡实施犯罪之乐与应得刑罚之苦的得失比例。

---

① 邱兴隆、许章润：《刑法学》，中国政法大学出版社 1999 年版，第 84 页。

(三)因地而异

因为不同的社会存在不同的影响一般预防效果的社会因素,在不同因素的作用之下,一般预防的效果必然有所差异。这正如安德聂斯所指出的那样:"在一个变化缓慢的小村庄里,为了提倡一定的服从,只要有一个非正式的压力就可以做到,根本不须求助于各种刑事法律。在变幻莫测、城市集中的社会里,这种社会监督受到削弱,于是法律职能就具有更加重要的意义。"[①]同时,随着各地风俗习惯、传统道德观念及犯罪特点不同,人们对于各种犯罪行为的看法便有所差异。在某些国家认为是严重犯罪并处以重刑的行为,在某一地方人们看来则是习以为常。因此,表现在道德评价和舆论习俗上对该种行为持沉默态度或谴责否定不那么强烈,这样,无形中便对该种犯罪起着一种纵容的作用,从而使刑罚正常的威慑力在该地难以发挥。如强奸犯罪,一般均认为是一种危害极大的犯罪,但是在有些边远地区,则认为是一般的危害行为,因此在这些地方,强奸犯罪的发案率远较其他地方高[②]。并且,不同社会的文化素质、法律观念也大相径庭,在文化水平较高、法律意识较强的国家,一般预防效果明显,而在违法之风盛行、公民意识低下的国家,一般预防的效果甚微。

正如"淮南为橘、淮北为枳",不同的社会条件会促成不同的社会现象、风俗、观念等,而这些恰恰是影响犯罪的重要因素。主要分为以下几类:一是地区范围的大小,直接影响着刑罚对犯罪

---

① [挪威]约翰尼斯·安德聂斯:《刑罚与预防犯罪》,钟大能译,法律出版社1983年版,第35页。

② 韩铁:《对刑罚一般预防的再认识》,载《法学评论》2000年第6期。

的控制力；二是城乡差异，直接影响着刑罚的效力；三是习俗观念，直接影响着人们对犯罪的看法与评价，间接影响刑罚的作用力；四是文化信仰，直接影响着人们的法制观念，体现着刑罚的信念力。

（四）因势而异

在不同的社会治安形势之下，一般预防的效果也有所不同。当社会秩序混乱，犯罪猖獗的时候，刑罚的威慑力相对减弱，犯罪会因而增多，从而会使社会上不稳定分子对犯罪熟视无睹或不以为然，这时，犯罪就会像瘟疫一样迅速蔓延，随着犯罪的膨胀，刑罚的威慑力便相对下降。而当社会治安形势较好、社会较为安定的时候，一般预防效果比较好。往往可以收到“惩一儆百”之效，并且使较轻的刑罚就足以制止较重的犯罪，并且，治安较好之时，人们的守法意识较为强烈，对法律的忠诚度较高，自觉守法之风在某种程度上也起到了制止犯罪的作用。对此，我国 1983 年“严打”前后的社会治安形势就说明了这一点。

（五）因群而异

一般预防对于某些群体的有效性受限。如安德聂斯认为，“刑法所起的影响可能或多或少会被作用方向相反的各种集团规范所抵消”以及“通过刑法表现出来的法律，就会与在某一集团占统治地位的但却与法律相违背的准则发生冲突。某集团的道德作用会与法的道德作用相对立。对法律制裁的畏惧与对集团制裁的畏惧也互相冲突，而集团制裁的范围是相当广泛的，从丧失社会地位到经济抵制、暴力以致谋杀"①。在任何国度的任何时期,都大量存在非正统集团和亚文化群体,且不说其组织规范严格,甚至有些组织制裁的严厉程度更甚于刑罚。因此,当人们面临违规与违法的两难抉择之时,会因畏惧组织制裁而选择违法,此时,这种组织规范体现着严重的刑罚抗衡性。并且,这种组织一般是在极高信仰度的条件下建立起来的,其成员对组织规范深信不疑,由此,进一步削弱了一般预防的作用。

一些集团规范之所以会对一般预防的效果有所影响,有以下几点原因:一是一些组织往往订有严密的组织规则和严格的纪律,在这种严密的规范下,内部成员会被严格地控制起来;二是这种组织一般是自愿结成的,组织成员对组织规范具有极高的信仰,并乐于遵守规范,以至于忽略刑罚的约束;三是某些组织规范的严厉程度更甚于刑罚的严苛程度,因此会逼迫其成员两难之下选择犯法。这种组织亚文化的某些规范与刑法规范背道而驰,并与刑罚的威慑力抗衡,在一些情况下,刑罚的威慑力往往也相形见绌,因而,一般预防的效果也微乎其微。

(六)因行而异

安德聂斯指出:"贪污受贿和执法中的轻率从事会直接削弱刑事法律的一般预防作用。"②在这里,安德聂斯提出了一般预防效果与执法的严肃程度密切相关的问题,亦即法律越得到严格执行,刑罚的一般预防作用便越大,而执法越不严肃,刑罚的一般预防作用

---

① [挪威] 约翰尼斯·安德聂斯:《刑罚与预防犯罪》,钟大能译,法律出版社1983年版,第36页。

② [挪威] 约翰尼斯·安德聂斯:《刑罚与预防犯罪》,钟大能译,法律出版社1983年版,第37页。

就越小。并且,哈格就美国犯罪率高与执法的严肃性进行了关联分析。他认为,刑事司法系统的无效、对犯罪的逮捕率、定罪与判刑率极低以及不合格依法严惩罪犯等执法不严现象,是美国犯罪率高于其他国家的重要原因。由于一般预防作用只不过是刑事活动对犯罪人以外的其他人的影响,作为刑事活动重要内容的刑事司法的严肃与否毫无疑问地影响着一般预防的效果。假如所有犯罪都得不到实际的惩罚,或者刑罚制度不能不折不扣地施行于具体的犯罪人,刑罚便犹如纸上谈兵,毫无威信可言,其威吓与强化道德禁忌作用亦无从谈起①。同时,如果在司法活动中不能尽量做到有罪必罚,也会强化潜在犯罪人的侥幸心理,并且削弱被害人和其他守法公民对法律的信赖程度,从而使一般预防的效果大打折扣。除此之外,立法作为一般预防的起点,如果该过程不够严肃、严密与严格,也无法显示出法律的威慑力与保护人民合法权益的信念,同时,刑罚的制定过程,也需要“三严”,如此才能更好地体现刑罚的威慑力与保护力,否则,如果连纸上可谈之兵都没有,又何谈具体执法行为的实施呢?

司法状况对一般预防的影响主要体现在以下几个方面:一是立法(包括法律、刑法、刑罚的制定)。成文的规定具有指导性意义,其强制力体现了刑罚的稳定性,是一切行为的指导,其存在自身就具有一定的威慑力与保护力。如果法律规范的制定过程不严肃、严密与严格,其威慑力与保护力会大打折扣,并且不利于执法活动的施行,再一次削弱其威慑力与人们的信仰度。二是执法活动的严肃程度。如果执法活动不能按照规定严肃施行,使某些犯

① 邱兴隆:《关于惩罚的哲学——刑罚根据论》,法律出版社2000年版,第113页。

罪分子逍遥法外，会使人们对法规失去敬畏之心与信仰之意，这是一种在实践中对一般预防效果的削弱。三是司法审判的公正、严肃。司法审判是对罪的确立与惩罚的判定，如果有失公正，不仅不利于犯罪人伏法，也会激起民愤，使法律效力大打折扣，使人民对法律规范大失所望，对法律的忽视会加剧犯罪率。由此可见，立法、司法与执法的相关行为如果有失公正与严肃便会影响刑罚、法律的威慑力与人们对其的忠诚度，这种影响便会在一般预防的效果之中体现。

三、不宽容

所谓宽容就是人们对于他不喜欢的事物在完全有能力制止的情况下却不去制止的一种理性的克制，其中克制可以在行为意义上讲，也可以在态度或德性意义上讲。而具体到刑罚的宽容则是指刑罚的规范内容在制定和适用中尽可能的宽缓，表现出立足于人类的良知而维护，追求，弘扬，增进人类的善良，仁慈和博爱的特性和倾向。[①] 现今对于刑罚宽容性概念的理解主要有两种观点：一种观点认为，刑罚的宽容即是让某人免除被认为是该当的一种刑罚的全部或者一部分；另一种观点认为，刑罚的宽容性是当犯罪人具有某种值得怜悯、同情的原因时，刑罚应该对其有某种宽恕的表示。由此可见，宽容不仅具有道德要求，同样对于刑罚也有相应要求，因为刑罚所针对的主体具有实施犯罪的客观条件性，并非都出于主观恶意，因此，在这种情况之下，就需要刑罚对其宽大处理，以体现法律的人道性，从而促进法律的亲和力，以使得人们对法律的信赖得以巩固。但是，一般预防作为刑罚目的，其基本要求便是通

---

① 骆群：《宽容：刑事政策中的增量因素》，载《河北法学》2010 年第 4 期。

过严厉的刑罚来威吓犯罪人以外的其他人不敢犯罪，这本身便与刑罚的宽容性相冲突。并且有以下具体表现：

首先，一般预防与宽容背道而驰。刑罚的宽容性的本质在于不管犯罪的性质而饶恕与同情罪犯。拿哈格的话来说，便是“宽容强调个别罪犯的‘需要’……他的动机以及其所面对的诱惑的强度。某人的需要或诱惑越大，宽容便越能饶恕他的失足”，“当有罪的人最贫穷、受到最大推动、被最大地剥夺其他满足或者最受犯罪的诱惑时，宽容将最大限度地减轻刑罚”。① 然而，按照一般预防论，犯罪的需要或者诱惑越大，遏制其发生所需的刑罚便应该越重。因此，从根本意义上说，一般预防与宽容不但互不相容而且直接对立。正因如此，贝卡里亚才写道：“随着刑罚变得日益宽和，宽容和宽恕也就不那么必要了。在一个国家中，这些都成了有害的东西那才幸运呢！”“如果让人们看到他们的犯罪可以受到宽容，或者刑罚并不一定是犯罪的必然结果，那么就会煽惑起犯罪不受处罚的幻想。”②

其次，一般预防对刑罚的必要性的要求不可与宽容性同日而语。一般预防关心的不是犯罪人本人的情况而是遏制一般人犯罪的需要，而宽容性与遏制一般人犯罪的需要不相关，只针对犯罪者本人所具有的可以宽容的因素。当一般预防需要重刑而犯罪人具有可宽容的因素时，一般预防论者必然作出舍弃宽容而满足一般预防的需要的选择。正因如此，哈格虽然肯定宽容是刑罚的一种独立于秩序与正义之外的价值，但是，他同时又从一般预防论的角

---

① Ernest van denHaag, *Punishing Criminals: Concerning AVery old and Painful Question*, NewYork, Basic Books Inc. Publishers, 1975, p. 68.

② ［意］贝卡利亚：《论犯罪与刑罚》，黄风译，中国大百科全书出版社 1993 年版，第 59 ~ 60 页。

度出发,认为秩序是优先于宽容的价值,主张“对社会与社会秩序的保护可能要求我们让宽容有时甚至让正义服从最严厉地惩罚最危害社会与社会秩序的行为,甚至于只有小罪或无罪之时”。①

最后,一般预防对刑罚的确定性的要求与宽容性相排斥。刑罚的确定性要求任何人只要构成犯罪,便不可避免地应该受到刑罚惩罚。这实际上排除了对犯罪人基于任何理由而免除刑罚的可能性,自然也不容基于可以宽恕的原因而免除刑罚。因此,作为一般预防的要求之一的确定性与作为刑罚的宽容性的要求之一的宽恕性难以并存。边沁对时效制度与赦免权的限制,便是对确定性不容宽恕性之存在的最好说明。他认为,时效制度只应免除“轻率和疏忽犯罪,以及非恶意导致之罪”的刑罚,而不能推而广之,免除“更严重之罪”的刑罚,其理由是“假如允许恶人在经过一定时间后可以尽情地在无辜者的头顶欢庆胜利,这无疑是令人讨厌与痛恨的……这对作奸犯科者将是一种鼓励,对崇尚美德者将是一种不幸,对正义和道德将是一种公开的侮辱。”②关于赦免权,边沁认为,由于它是对法律的权威性的否定,本身构成一种使法律不确定的恶。“已被制定的好法律将不需要一根有权宣告自身无效的魔杖。如果刑罚是必要的,那就不应该被减少;如果刑罚是不必要的,那就不应该对罪犯适用。”③因此,他虽未彻底否定赦免权,但对其持明显的鄙夷态度。④

---

① [英]吉米·边沁:《立法理论——刑法典原理》,孙力等译,中国人民公安大学出版社 1993 年版,第 50 页。

② [英]吉米·边沁:《立法理论——刑法典原理》,孙力等译,中国人民公安大学出版社 1993 年版,第 70~71 页。

③ [英]吉米·边沁:《立法理论——刑法典原理》,孙力等译,中国人民公安大学出版社 1993 年版,第 93 页。

④ 邱兴隆:《一般预防论的价值分析》,载《法学论坛》2000 年第 4 期。

四、侵犯人权之虞

说一般预防论有侵犯人权之虞,与贝卡利亚和费尔巴哈主张刑罚的最终目的是保护人们的自由与权利并不矛盾。贝卡利亚和费尔巴哈所说的自由与人权是抽象意义上的自由与人权,或者说是一般人的自由与人权。这里所说的侵犯人权,是指对被刑事司法系统判定为犯罪人的人权的侵犯。前者是作为行为规范的正当性基础,即将什么行为规定为犯罪的正当性基础;而后者是作为制裁规范的正当性基础,即对犯罪行为是否及如何处罚的正当性基础。① 二者处于不同的层面,不存在矛盾的问题。

首先,从理论本身上看,一般预防论存在将人作为手段而非目的的向度。一般预防论是向前看的理论,即依据预防一般人犯罪的目的对犯罪人进行惩罚,而非犯罪人所犯之罪行。既然不是依据犯罪人所犯之罪进行惩罚,也就是未将人作为主体来看待,当然存在将人仅作为手段的嫌疑。这与康德所提出的,只能将人作为目的而不能仅仅作为手段有冲突。黑格尔认为,将一般预防(威吓)作为刑罚的目的,必然导致对人的尊严与自由的藐视。他诘问道:"怎样说明威吓的合法性呢?威吓的前提是人不是自由的,因而要用祸害这种观念来强制人们。然而法和正义必须在自由和意志中,而不是在威吓所指向的不自由中去寻找它们的根据。"②此外,按照一般预防理论的逻辑,不能防止处罚无辜者而追求一般预防的目的。一般预防论可能会遭到这样的责难:"功利主义者被指

---

① 蔡圣伟:《刑法问题研究(一)》,元照出版有限公司 2008 年版,第 74 页。

② [德]黑格尔:《法哲学原理》,范扬、张企泰等译,商务印书馆 1996 年版,第 102 页。

责允许对无辜者的惩罚。据此,如果刑罚应该按照其效果来评价,那么,如功利主义的批评者所主张的一样,为了给其他人确立一种警戒而伪造证据指控一个无辜者,便是可能的。无辜者可以是非当事人,或者也许是在对之的指控证据弱的场合,警察相信实施了犯罪的人,或者甚至如果罪犯在起诉前已经(例如)死亡,他便是罪犯的一名家庭成员。"[①]虽然没有哪一个一般预防论者提出过,可以处罚未犯罪之人而追求预防犯罪目的,并且费尔巴哈也曾明确表示刑罚必须以犯罪为前提,但是,一旦现实社会中出现这样的情况,一般预防论没有对之进行有力批判和反对的理论资源。

其次,从理论具体化到现实社会中可能出现的情况来看,一般预防论可能导致重刑化。举例来说,被尊称为近代刑法学之父的费尔巴哈,他的一般预防思想深深影响着以后的刑事立法,"然则,往后的刑事立法将刑罚渐次走向重刑化的方向,并且误认一般预防思想即在强调重刑化的威慑效应,而忽略一般预防思想承继报应思想的核心精华,即对于刑罚的威慑效应,仍有其不可逾越的界限,该界限即行为人因犯罪行为所生之责任。"[②]为什么会出现这样的情况?为什么后人对费尔巴哈一般预防思想有错误的理解?责任似乎不都在于后人。一般预防论本身就存在重刑化的倾向。刑罚一旦以追求一般预防为目的,就会因为过分渲染刑罚的威慑效果而逐步走向严苛。而且,贝卡利亚、边沁、费尔巴哈也都明确提出,刑罚之苦要大于犯罪之乐,以吓阻犯罪。边沁所提出的如果由于犯罪难以发现,而这种发现的困难在很大程度上又取决于犯罪

---

① Philip Bean, *Punishment: A Philosophical and Criminological Inquiry*, Oxford, Martin Robertson, 1981, p. 34.

② 柯耀程:《变动中的刑法思想》,中国政法大学出版社 2003 年版,第 379 页。

的性质，以致刑罚在确定性方面不足，可以适用极端之刑。[①] 边沁的这种观点是符合经济学理论的，那种认为刑罚只要比犯罪本身严厉一点的观点没有考虑到犯罪受到惩罚的概率问题。依据经济学理论，刑罚的威慑力大致相当于刑罚本身的严厉性与惩罚概率的乘积。如波斯纳所说，"一个不那么严重的犯罪，但如果比较容易掩藏，那么它受到的惩罚也许会比一个更严重的犯罪受到的惩罚更为严厉。"[②]而现实中，犯罪受惩罚的概率显然要小于1，尤其是政府官员的腐败和公司白领犯罪。所以，以一般预论思想为指导的刑事立法走向重刑化一点也不令人奇怪，不走向重刑化才需要认真总结经验。

不管一般预防论者如何辩护，不可否认的是，以追求一般预防为唯一目的，犯罪人迟早会沦为预防他人犯罪的工具，其权利就可能被轻视，使刑罚的适用易于偏离公正、人道的刑罚价值轨道，刑法的人权保障机能必然会被削弱。[③]

第三节　刑罚一般预防论的价值因素

虽然刑罚一般预防论受到不少批评，也确实存在不少的问题，但是不能据此完全否定一般预防论的价值。一般预防论能够浴火重生，得以复兴，就已经说明它本身具有一些不可忽视的价值，需要继承和坚持。

---

① J. Bentham. Collected Works，1970，p. 212.

② ［美］理查德·A. 波斯纳：《正义/司法的经济学》，苏力译，中国政法大学出版社2002年版，第221页。

③ 周少华：《作为目的的一般预防》，载《法学研究》2008年第2期。

一、一般预防目的的价值

虽然一般预防具有不宽容性、有侵犯人权之虞,但是一般预防的目的即预防一般人犯罪本身具有重要的价值。主要表现在以下三个方面:

(一)维护社会秩序

社会秩序是一般预防的价值追求。对此,苯指出,“基本上,功利主义者说刑罚旨在控制行为,并且,法律是应该在控制中被运用的武器”,“对于功利主义者来说,法律规范成为旨在控制损害的手段”①。在这里,苯实际上指明了保护社会秩序是一般预防理论的首选价值。贝卡利亚以预防为目的的观点,便是想维护稳定的社会秩序,是以社会秩序为归旨的预防理论。同时,边沁以追求“最大多数人的最大多数幸福”的功利论,虽然并未提出“秩序”一词,但这种幸福其实是秩序的另一种表达方式。以追求这种幸福为最终目的也就代表着对秩序的一种追求,并且,此种幸福是功利论的宗旨,而一般预防又是以实现这种幸福为目的而建立的理论,因此秩序是一般预防的首要价值追求。哈格认为,犯罪行为与秩序的破坏有着必然的联系,刑罚是遏制犯罪的必要法律手段,并以此来威吓社会人使其不敢犯罪(即一般预防),同时社会的威吓必须抵销以非法手段满足个人愿望的诱惑,因此,在制定法律与规定刑罚时,秩序的要求必须优先。

---

① 转引自邱兴隆:《一般预防论的价值分析》,载《法学论坛》2000 年第 4 期。

（二）保护法益

“刑法的目的在于预防犯罪”这一句话在技术上并没有把刑罚的目的表达彻底。假设犯罪是有益的，那么预防犯罪就是恶的而非善的，就不应当成为一种应然的目的。因此，在说明刑法目的时，还要明确预防犯罪有什么好处。法益是法所保护的生活利益，事实上，刑法分则所规定的各种犯罪都是对法益的侵犯，易言之，对任何具体犯罪都可以用“侵害法益”来说明。① 对这些犯罪行为的预防，无疑就是为了保护法益。由此可见，预防犯罪不是刑法的终极目的，保护法益才是刑法终极目的或终极目的之一。预防犯罪只能算是刑法的次级目的，需要由保护法益这一终极目的来规定和说明。确定保护法益才是刑法的终极目的，理论上有其重要的意义，即刑事立法不应逾越保护法益的必要性，刑法解释也不应逾越保护法益的必要性。具体地说，在立法上，不应有欠缺保护法益的刑事立法。在司法上，法律的解释应当以保护的法益来说明，具体案件的判定要权衡相关利益，以取得最好的效果。

（三）效益

所谓效益，是指效果与利益，包括项目本身得到的直接效益和由项目引起的间接效益。效益最初是经济学概念，不过随着各学科的交融，法学逐渐引入经济学的相关概念与分析方法，从而有了刑法效益的概念。刑法效益是指在刑事立法和刑事司法活动中，

① 张明楷：《刑法学》，法律出版社 2007 年版，第 84～85 页。

用最少的投入取得最大、最佳的效果和利益。[1] 由于刑事司法资源具有高消耗性并且对惩治犯罪的需求具有无限性，所以在这种刑事司法资源有限而社会司法需求无限的严峻形势之下，刑法效益的概念逐渐构建起来。效益的最佳体现便是在最小的司法投入之下，得到最佳的社会环境（犯罪率达到相对最小）。由于刑罚是刑法的一部分，刑法效益与刑罚效益在内容上具有同一性，但是刑罚效益具有更高的客观要求，即刑罚效益是国家制刑、量刑和行刑所产生的符合立法者、司法者主观上预期的客观效果和收益。其中刑法效益主要侧重于刑法资源的配置以及客观与主观期望的一致性，而刑罚效益则包括公正惩罚犯罪、有效预防犯罪和最大限度实现刑法任务。[2] 由此可以看出，刑罚的效益是围绕着刑罚的目的而展开的，虽然目的只存在于主观思想层面，而刑罚存在于客观现实之中，但是二者在实践中是相辅相成的，目的的达到就代表着效益的实现。同时，刑罚目的的内容设定影响着刑法效益的实现，刑罚目的的期望值与刑罚效益的衡量息息相关。并且，刑罚目的是评价刑法效益的标准，如果连刑罚目的都未达到，那也就称不上是有效的刑罚。除此之外，一般预防理论作为刑罚的目的之一，也具有衡量刑罚效益的价值，并且，一般预防理论的存在自身就是效益的体现，因为只有有效的刑罚才会达到一般预防的目的。因此，一般预防理论具有一定的效益价值。

---

① 韩铁：《刑罚目的构建与实现》，中国人民公安大学出版社 2005 年版，第 50 页。

② 韩铁：《刑罚目的构建与实现》，中国人民公安大学出版社 2005 年版，第 53 页。

二、刑罚威慑的有效性

前文分析指出,刑罚威慑效应具有局限性,但是在认识到刑罚威慑效用具有局限性的同时,也必须承认刑罚威慑效应在预防一般人犯罪中还是发挥着重要作用的。趋乐避苦的理性人观念虽然片面,但是人确实有苦乐计算的一面,它使得刑罚的威慑性成为可能。如波斯纳所说:“威慑之所以存在在于假定人们有一种做出决定并据此行动的能力,换言之,它假定被威慑者是有理性的,但这种理性不具有强烈的自由意志色彩,而且很明显,我们现代刑事惩罚观念也与可威慑性相关系,并经常与理性相联系。”①关于刑罚威慑的有效性,可以从以下几个方面来论证或证明。

(一)逻辑上不能否定刑罚威慑的有效性

一般预防论作为一种思想层面的理论概念,是由逻辑推理得来的一种理论。作为一种主观意念产生的理论,需要通过逻辑论证的方法,论证其具有预防犯罪作用的客观性。安德聂斯就曾对此作出逻辑论证,他指出,“如果一个人犯罪,我们只能认为一般预防对他未起作用。如果我去采访一千名犯人,我就可以收集到一千个说明一般预防失效的案例。但是我们决不能据此作出结论,认为一般预防对所有人都没有效力”②。对此,安德聂斯存在这样的逻辑推理,他首先认为一般预防具有有效预防的客观性,随即设立了一般预防对于所有人来说都无效的反论,由于一般预防的对

---

① [美]理查德·A. 波斯纳:《法理学问题》,苏力译,中国政法大学出版社2002年版,第222页。

② [挪威]约翰尼斯·安德聂斯:《刑罚与预防犯罪》,钟大能译,法律出版社1983年版,第30页。

象是未犯罪人,而被采访者仅仅限于犯罪人,那么这个无效的反论就无法充分成立。同时,只要证明一般预防对一个人有效,那么这种无效的反论就不能成立;相反,要想证明这一反证有效,那么其结论便是所有人都是犯罪人,这显然不成立。因此,这种假设一般预防无效的反命题是错误的。这种反证法,从否一即否全,证一即证全的逻辑角度出发,否定了一般预防的无效性,反证了一般预防的有效性,使一般预防的成立具有了逻辑依据,使一般预防完成了从主观臆想向客观存在的过渡。帕克的观点也与安德聂斯相似,以以偏概全和以刑罚的消极作用的存在,作为否定刑罚的积极作用的证据这两个逻辑错误来否定人们根据累犯和再犯率高便认为一般预防不起作用的观点。同时,以精于逻辑辩驳著称的哈格,运用逻辑推理的方式,从人基于本能与经验会避免来自自然的危险中类推出通过法律威吓的惩罚的危险培养守法习惯的必要性。①

(二)心理学研究表明威慑的有效性

人的行为受到思想的支配,思想又与心理活动密切相关,因而可以说在其心理状态正常的情况下,人选择守法而非犯罪在于其心理活动的支配。一般预防的核心内容是通过刑罚的威慑作用,来达到预防犯罪的效果。对于威慑作用,费尔巴哈将其概括为"法律上的威慑",即市民如果能够事先确知,如若做出违法行为,会"招致较之从违法行为中的欲望不能被满足而产生的更大的痛苦这一结果,那么违法行为就能够被阻止了"。② 还有学者有与其相

① 邱兴隆:《关于惩罚的哲学——刑罚根据论》,法律出版社 2000 年版,第 97 页。

② [日]庄子邦雄:《近代刑法思想史序说:费尔巴哈和刑法思想史的现代化》,李希同译,中国检察出版社 2010 年版,第 18 页。

似的观点,认为刑罚只有使罪犯感到因犯罪而招致的刑罚痛苦将与想犯罪所感到的不愉快情感相同时,才能遏制其犯罪欲求,克服犯罪的动机和行为意向。① 在古斯里看来,惩罚是通过破坏原来的刺激—反应联结而形成一个新的刺激—反应联结。具体到刑罚威慑来说,原来的刺激—反应即犯罪动机—犯罪,而由于刑罚的介入,这一刺激—反应被打破,在行为人产生犯罪动机后由于惧怕刑罚而没有外化为犯罪行为或犯罪等级降低,即形成了新的联结:犯罪动机—未犯罪(轻犯罪)②。因此,刑罚能够对人的行为产生控制作用。同时,美国著名操作行为主义心理学家伯尔赫斯·弗雷德里克·斯金纳指出:由于呈现负强化物而产生的结果叫作惩罚,惩罚可以对人的行为产生控制,降低行为的发生频率。③ 刑罚即是惩罚的一种方式,刑罚的实施在于使刑罚与犯罪行为形成相倚联系,从而减少和抑制犯罪行为的发生。

(三)统计学研究表明威慑的有效性

统计学是通过搜索、整理、分析、描述数据等手段,以达到推断所测对象的本质,甚至预测对象未来的一门综合性科学,统计学作为一种分析工具被广泛应用于社会科学的各个领域,一般预防隶属于社会科学,因而统计学的分析方法同样适用于一般预防理论的验证。在实际中,不论是一般预防理论的支持者还是反对者,都

---

① [日]庄子邦雄:《刑罚制度的基础理论》,甘雨沛译,载《国外法学》1979 年第 4 期。

② 刘娜:《刑罚威慑效能实证研究——以犯罪预防为视角》,武汉大学 2014 年博士学位论文。

③ [美]斯金纳:《科学与人类行为》,谭力海等译,华夏出版社 1989 年版,第 69 ~ 70 页。

力求从犯罪率的变化与刑罚的制定、执行的相关性中对一般预防理论加以论证。最初，考察一般预防效果的统计方法仅仅局限于笼统地分析犯罪率在特定时间或地区的升降变化与刑罚的适用之间的关系，刑罚被作为影响犯罪的增减的唯一因素。[①] 实证派代表人物菲利就通过简单的统计分析对一般预防理论加以论证，菲利就法国与意大利1874年至1888年的犯罪与处刑情况作了统计分析，认为“法国与意大利的司法镇压措施越来越严重，而犯罪也越来越多”，进而得出结论，“这一事实足以驳倒加重刑罚是有效的犯罪抑制措施的一般观念”[②]。事物是在多种因素的共同作用之下才表现出其性状的，而菲利的结论却只考虑了单一变量，将其他可能影响犯罪率的因素排除在分析框架之外，其结果缺乏可信性。因此，更为复杂精细的“自然边化分析”便应运而生，其分为地域（横向）分析法与时间（纵向）分析法，分别以地域和时间因素为定量，以刑罚为自变量，以犯罪率为因变量，通过数据的变化来论证一般预防理论。该分析方法下的研究结果呈现于《遏制与剥夺能力：评价刑事制裁对犯罪率的作用》一书中，即“从总体上看，证据可以被判定为遏制的假设提供了有限的支持”，对一般预防理论进行了有力肯定。吉布斯运用自然变量分析法研究了1959～1960年与杀人有关的联邦统计局的资料，得出结论——惩罚的确定性与严厉性越大，杀人率便越低；格雷与马丁运用同样的数据，得出结论——

① 邱兴隆：《关于惩罚的哲学——刑罚根据论》，法律出版社2000年版，第103页。

② ［意］恩里科·菲利：《犯罪社会学》，郭建安译，中国人民公安大学出版社2004年版，第65～67页。

惩罚的确定性与严厉性对杀人率有可表明的影响;[①]安图雅思与亨特分析了1960年的统计资料,分解了七种标准犯罪的资料,得出结论——刑事制裁作为对犯罪的一般遏制起作用,在我们的资料中得到了证实;其中,埃利克的研究方法与结论最具有说服力,他设计出一种共生因素模式,并将其运用于对美国犯罪的一种跨州多变量回归分析,于此他运用了三种与刑罚有关的变量,以及十一种可能影响犯罪率的变量,他认为将两种变量加以分离,刑罚对于一般预防作用的效果便显而易见。埃利克的研究表明,特定的重罪率被发现肯定性地与对相关的收益(指与犯罪从合法活动中可资利用的收益相关的收益)的估计相关,并否定性地与同犯罪行为相联系的代价(指罪犯可期待的惩罚的严厉性与可能性)的估计相关。从以往的研究结论可以知道,尽管统计学的方法并不能充分地对现实情况加以量化分析,但其研究结果从多个角度间接证明了一般预防理论的存在,为一般预防理论的发展与完善提供了可靠的数量依据。

(四)经济学研究表明威慑的有效性

首先,经济学是以"经济人"假设为基础而建立起来,以研究经济发展规律为目标的学科。同样,作为一般预防理论的基础,"理性人"的假设与"经济人"的假设有着异曲同工之妙。同时,还有学者认为,在犯罪经济学领域,由于"成本、收益"除金钱等经济因素外,还有名誉、地位等其他非经济因素,因而,应该将现实的人看成

---

① Louis Gray and J. Martin, "*Punishment and Deterrence: Another Analysis of Gibbs' Data*", 50 *Social Science Quarterly*, 1969, pp. 389 - 395.

经济人和社会人的统一。[①] 以上假设都将人视为能够权衡利弊,具有趋利避害性的理性人。因此,权利侵害行为的发生,乃行为人逐乐避苦之结果,如若要防止此种侵害行为的发生,就必须增加行为所带来的痛苦、减少行为给人们带来的诱惑力。[②] 其中,在一般预防理论的范围内,"痛苦"就是指刑罚的威慑,而刑罚威慑的作用机制实际上就是行为人对刑罚成本与犯罪收益或者说刑罚风险与犯罪收益进行对比、赋值的过程。[③] 在这一"成本—效益"分析的过程中,刑罚的威慑作用主要体现在刑罚的风险,即犯罪后受罚的可能性、刑罚带来的痛苦以及因为刑罚所失去的时间的机会成本等,这一风险使得犯罪人慎重考虑是否犯罪,当这种成本大于他所预期的犯罪收益时,犯罪人就会选择守法而非犯罪,这种守法行为的选择便是一般预防理论发挥效能的证明。

其次,根据经济学边际效用最大化理论,在刑罚中表现为边际威慑,且刑罚的最佳点,决定于威慑的边际效用。[④] 当刑罚的严厉程度的威慑效果低于边际威慑时,犯罪数量与刑罚严厉程度成反比;而当高于边际威慑时,类似于边际成本递减规律,刑罚对犯罪便不会起到抑制作用,甚至会刺激更多的犯罪或者加剧某些犯罪的恶性程度。因此,应将刑罚的严厉程度设置在边际威慑的最高点,即达到最好的威慑效果,从而起到最佳的一般预防的效果。

最后,从犯罪学的角度来看,社会上的任何成员都可能犯罪,

---

① 宋浩波:《犯罪经济学》,中国人民公安大学出版社 2002 年版,第 2 页。

② 邱帅萍:《刑罚目的论:基于近现代思想史的考察》,知识产权出版社 2016 年版,第 83 页。

③ 刘娜:《刑罚威慑效能实证研究——以犯罪预防为视角》,武汉大学 2014 年博士学位论文。

④ 宋浩波:《犯罪经济学》,中国人民公安大学出版社 2002 年版,第 27 页。

刑罚都应该对之实施预防。减少犯罪的方法主要是通过预防犯罪的发生，这是完全正确的，但是，仅仅将预防犯罪的对象局限于某部分人，虽然能够达到减少犯罪的目的，但从要保障全体公民基本人权的刑法目的出发，只有最大限度地减少犯罪，实现刑罚运用的最优化，才应该是刑罚的目的。因此，要想减少犯罪，预防犯罪的对象应该尽量扩大化。[①] 而一般预防的对象，相较于特殊预防的对象，范围更广，数量更多，更加体现了刑罚的经济效益，为一般预防理论的运用提供了最佳的效益基础。

（五）实验证据表明威慑的有效性

一般预防理论的研究是基于理论分析而建立起来的，理论存在的合理性需要通过实验来验证，实验的结论便是一般预防存在与否的依据。首先，美国学者所罗门曾通过动物实验来验证惩罚的威吓效应，以狗为对象进行了电击实验，结果表明，惩罚可以使旁观同类受惩罚的狗望而生畏，并为免受惩罚而不重蹈受罚者之覆辙。[②] 这一结论为刑罚的一般威慑提供了间接证据。其次，美国学者迪特尔与罗威以大学生为对象进行了关于威吓、规诫与作弊情况的实验。实验结果显示，无规诫与威吓，对犯规行为无影响；有规诫无威吓，违规行为反而上升；以惩罚相威吓则大大降低了违规行为。由此可以得出结论，惩罚的威吓是规则得以实施的必要保障。依此类推，刑罚的威吓对于减少犯罪的发生是有效的，对于

---

① 肖洪：《刑罚目的应该是一般预防》，载《现代法学》2007 年第 3 期。

② ［日］森武夫：《犯罪心理学》，邵道生等译，知识出版社 1982 年版，第 184 页。

刑罚的实施是必要的。① 以上实验,对一般预防理论存在的合理性进行了实验验证,使一般预防理论的存在与应用有了科学的依据。

(六)自然证据表明威慑的有效性

一般预防理论的存在并不是空谈阔论。首先,在德国刑法典演变的过程中都能看到一般预防理论的身影,例如"法秩序的维护"就曾多次在德国的刑法典中出现。同时,对于实际的一般预防法律规范也有所体现,如涉及堕胎的处罚,这一法令就对民众的价值观以及行为方式有所影响,体现着一般预防的长远效果。其次,历史上发生的事实也证明一般预防理论的存在与价值。

其一,刑罚的适用中断导致犯罪率上升。② 有以下实例对此进行验证:(1)1919 年利物浦的警察自 7 月 31 日子夜开始罢工,近半数警察未上班值勤。结果是,在警察罢工期间,就出现了不良分子威胁他人、暴力、恫吓,发生了多起对尚在值勤的警察的袭击事件。由于罢工事件突然,政府部门无法采取应付局面的有力措施。自 8 月 1 日晚 8 时开始发生抢劫商店的案件,并延续数日,约有 400 家商店被劫③。(2)1949 年 9 月,德国人逮捕了所有丹麦警察。在没有警察的 7 个月中,丹麦的严重犯罪率急剧上升。抢劫案与盗窃案的发案率均上升了 10 余倍。④

---

① 邱兴隆:《关于惩罚的哲学——刑罚根据论》,法律出版社 2000 年版,第 100 页。

② 邱兴隆:《关于惩罚的哲学——刑罚根据论》,法律出版社 2000 年版,第 101 页。

③ [挪威] 约翰尼斯·安德聂斯:《刑罚与预防犯罪》,钟大能译,法律出版社 1983 年版,第 39 页。

④ [挪威] 约翰尼斯·安德聂斯:《刑罚与预防犯罪》,钟大能译,法律出版社 1983 年版,第 12 页。

其二，惩罚从前不受惩罚的行为，可以减少其发生。[①] 安德聂斯列举了实例对此进行验证：(1)在堕胎行为被宣告非法后，出生率上升。例如，罗马尼亚在1957年曾经宣告堕胎为合法，结果，该国的出生率由1956年的2.42%下降到1966年的1.43%。而在1966年，该国宣告堕胎为违法。结果，出生率由1966年的1.43%上升到1967年的2.73%、1968年的2.67%和1969年的2.3%。显然，出生率随着堕胎法的宣告而变化。[②] (2)饮酒过量而驾车被宣告应受严惩后，酒后驾车减少。例如，英国于1967年颁布法律新的交通安全法，将饮酒过量驾车视为违规行为，并严惩。结果，新法颁布4个月内，因饮酒而造成的交通事故比新法颁布前一年同期下降2%。[③] (3)1956年苏伊士运河危机期间，瑞典为了节约汽油，禁止在假日驾驶私人汽车。尽管也发放特别许可证，但是大多数汽车还是处于停开状态。这一禁令，大大增加了假日偷盗汽车的危险性。在实行禁令期间，星期六、星期日偷盗汽车的数目大大减少。当捕获的危险性确实增加以后，甚至那些专爱偷盗汽车的人也有所顾忌。[④] 这些事实从侧面反映了一般预防理论的存在以及其实用价值，事实依据与一般预防理论相互印证，更加证明一般预防的不容置否性。

---

① 邱兴隆：《关于惩罚的哲学——刑罚根据论》，法律出版社2000年版，第102页。

② ［挪威］约翰尼斯·安德聂斯：《刑罚与预防犯罪》，钟大能译，法律出版社1983年版，第73页。

③ ［挪威］约翰尼斯·安德聂斯：《刑罚与预防犯罪》，钟大能译，法律出版社1983年版，第77页。

④ ［挪威］约翰尼斯·安德聂斯：《刑罚与预防犯罪》，钟大能译，法律出版社1983年版，第40页。

三、积极一般预防思想及其有效性

从一般预防思想的观点出发，对于犯罪的防治，主要是希望借助刑罚的威慑效应，以阻吓一般社会大众。然而，在一般研究所得到的共识认为，仅有一部分的行为人，在其决定犯罪之时会考虑到受处罚风险的问题，但是其所顾虑者，并非刑罚的高低，而是被捕的风险高低。因此对于传统的一般预防思想，仅视之为消极性的思维。在第二次世界大战后，关于刑罚理论的争议，产生出一个新的次元，对刑罚目的的思维，从原来对于犯罪与犯罪人（不论是潜在的行为人或是已生犯罪的犯罪人）的思考，转变成对于法规范的伦理性思考，而建构出所谓的“积极的一般预防思想”。①

（一）过渡期的多元遏制论

积极一般预防理论的产生并非一蹴而就，而是经过了一个过渡期。20 世纪 60 年代，刑法学理论界出现了积极因素和消极因素相交融的一般预防理论，即“多元遏制论”。这种观点认为刑罚的设置与判处，不仅通过威慑效果，也通过对法律意识以及法律信赖施加影响来实现犯罪预防。② 1975 年，埃伯哈德·施米德霍伊泽通过将“表达对犯罪行为的谴责”加入刑罚的目的之中，完善了其一般预防理论。同时，格拉尔德·格林瓦尔德也是这种观点的典型代表，他认为处罚作为对犯罪的无价值判断，能对规范共同体的共

---

① 柯耀程：《变动中的刑法思想》，中国政法大学出版社 2003 年版，第 374 ~ 375 页。

② 陈金林：《积极一般预防理论研究》，武汉大学出版社 2013 年版，第 62 ~ 63 页。

同意识起作用，因为它证实并强化了对法益的珍视。[①] 德国的刑法学者认为，这种观念架起了从消极一般预防到积极一般预防的桥梁，它将规范内化或者规范巩固纳入了刑罚的目的之中，完善了消极的一般预防理论。[②] 挪威的约翰内斯·安德聂斯也是这种混合一般预防理论的杰出代表。他认为刑罚的一般预防效果分三种，即威慑、道德效果、激发习惯性的守法行为。[③] 安德聂斯指出，刑法一方面在民众忠诚感的维持以及青少年道德教育的环境创造等方面起着重要的作用；另一方面，他又主张严格限制刑罚的态度形成的作用，要让道德影响法律，而不是用刑法影响道德。[④] 安德聂斯的多元遏制论在积极与消极的一般预防的转化过程中起到了承上启下的关键作用，不仅完善了消极的一般预防，同时也提出了积极的一般预防理论。然而，有些学者认为，安德聂斯的理论更多的是在用一般预防的积极面来弥补消极面，至少，从安德聂斯的使用中，还看不到新观念的影子，在他那里，一般预防的积极面只不过是消极一般预防的一种作用形式而已。[⑤]

在美国，帕克与哈格均是多元遏制论的力主者。帕克从分析古典功利论入手，指出了作为一般预防功能的威吓的客观性与局限性，并以此提出了一种二元遏制论，认为刑罚对人的有意识行为

---

① 陈金林：《积极一般预防理论研究》，武汉大学出版社 2013 年版，第 63 页。

② 陈金林：《积极一般预防理论研究》，武汉大学出版社 2013 年版，第 63 页。

③ Johannes Andenaes, "General Prevention – Illusion or Reality?", Journal of Criminal Law & Criminology 43(1952), 176(180); ders., *Punishment and Deterrence*, Ann Arbor, 1974, S. 8.

④ Vgl. Johannes Andenaes, *Punishment and Deterrence*, Ann Arbor, 1974, S. 126.

⑤ 陈金林：《积极一般预防理论研究》，武汉大学出版社 2013 年版，第 62～64 页。

的遏制作用表现为威吓,而对人的无意识行为的遏制作用则表现为强化道德准则。[①] 然而,哈格从其他角度对刑罚的预防作用进行分析,他认为刑罚对于预防犯罪不仅具有直接作用,还具有间接作用。他认为刑罚的直接作用在于威慑,对此,他摒弃了功利主义的分析,而是从人的应激性(即人对危险的反映的规律性)的角度对刑罚的威吓作用进行阐释,即刑罚通过其痛苦的代价,而使意欲犯罪的人不敢犯罪;刑罚的间接作用在于人因刑罚所带来的耻辱感(指通过惩罚犯罪人而向社会宣告犯罪是可耻的,从而使人们因恐惧惩罚的耻辱而不敢犯罪)而避免犯罪,以及刑罚强化人们的守法意识而促其形成的守法习惯。总的来说,这种多元遏制论不仅兼顾了刑罚的威慑作用,同时也提倡刑罚的教化、道德作用,提出了人不仅因畏惧刑罚的痛苦而避免犯罪,也提出了人因刑罚的存在而自觉强化了守法意识,从而不去实施犯罪行为。并且,这种理论并不排斥报应作为刑罚的根据之一的正当性,[②]以至于其并未像古典理论那样备受责难。

(二)积极一般预防论的产生与发展

积极一般预防理论被认为是德国刑法理论为了克服之前的报应刑论和预防刑论之间的矛盾所新近发展起来的一种理论。[③] 积极的一般预防理论目前在德国刑法理论中占绝对主导地位,但是

---

① 邱兴隆:《从一元到多元:一般预防论的流变》,载《法学评论》2000 年第 5 期。

② 邱兴隆:《从一元到多元:一般预防论的流变》,载《法学评论》2000 年第 5 期。

③ 邱帅萍:《刑罚目的论:基于近现代思想史的考察》,知识产权出版社 2016 年版,第 85 页。

不同的积极的一般预防理论者对该理论的理解不尽相同,因此,该理论也被称为"积极的一般预防理论群"。[①] 在这一理论形成的过程中,哈罗·奥托作出了卓越的贡献,1975 年,他在处理刑罚适用与期待落空的关系时指出:针对法益保护的犯罪行为是有社会危害的行为,因为它造成了特定的法益侵害,并在这种特殊的侵害之外侵犯了规范共同体的信赖基础,人作为有计划、依计划行事的存在,应当通过规范的遵守维持基本的信赖。犯罪行为让存在于其自身的相互期待落空了,因而也就侵犯了规范共同体之间的人际信赖关系,让人们无法对其他社会成员保持信任。因而要归责于行为人的,就不仅是有实在价值的、受法秩序保护的利益,还包括前述社会层面的损失。[②] 这种社会层面的损失,就是指人们对于规范以及成员间的信赖的瓦解,这种信赖的瓦解会影响人们对于法律规范的信任,不利于犯罪的预防。因此这种社会层面的损失是一般预防理论所指向的对象,因为只有通过刑罚的适用使这种损失控制在合理范围内,或者防止这种损失发生,才会达到一般预防的效果。此后,经过几年的发展,1979 年海因里希·贝克曼提出"积极一般预防"这一概念,他完成了新理论与传统消极一般预防理论的分离,并为其正式命名。根据他的观点,刑罚服务于促成对法秩序的信赖,通过它的行为掌控效果达成由国家保证的安全。[③]

除奥托和贝克曼之外,还有许多学者对积极的一般预防理论

---

① [美]马库斯·德克·达博:《积极的一般预防与法益理论:一个美国人眼里的德国刑法学的两个重要成就》,载陈兴良主编:《刑事法评论》(第 21 卷),北京大学出版社 2007 年版,第 445 页。

② Hellmuth Mayer, Strafrecht AT, Kohlhammer, 1967, S. 21 f.

③ Paul Beckmann, Ist die lebenslange Freiheitsstrsfe noch ein verfassungs – rechtliches Problem? In: GA 1979, S. 439 (457).

提出自己的见解,但一般认为,德国刑法学家雅克布斯是积极一般预防理论的代表,其观点有以下三个方面:其一,训练规范服从,对此,他指出,“在积极的一般预防这里,刑罚……不是指向被认为是必须被威吓的作为潜在的未来的犯罪人的生产源的群体,刑罚更多地要以忠诚于法的市民为对象”①。其二,训练法忠诚感,对此,他将社会等同于规范的现实性,指出“人格体是在一种整序活动中产生的,这一活动旨在理解规范的现实性,即社会……在此把社会理解为规范的现实性”②。规范的现实性表现在,一方面社会中的人格体是能够理解和遵守规范的人,另一方面社会向人格体提出了遵守规范的合理期待。刑罚,就是维护规范的有效性的重要一环。③ 犯罪行为是不合乎规范期待的一种行为,因此,刑罚要使其承担代价,在刑罚施行的过程中,使人们对规范的有效性加以承认,在其被人们所承认之后,就证明人们对规范有了正确的理解,能够坚持并信赖规范的有效性,其行为亦合乎规范的期待,如此,便实现了规范的现实性,从而达到预防犯罪的目的。其三,包容违规行为后果的训练。这一观点体现在犯罪与刑事后果承受义务之间的联结通过刑法适用得到了确认,这样,即便是有人犯罪,刑法规范也会深入人心④,形成守法意识,达到一般预防的目的。

德国法学家罗克辛认为,在积极一般预防思想下,刑罚要满足

---

① [德]雅科布斯:《行为 责任 刑法——机能性描述》,冯军译,中国政法大学出版社1997年版,第38页。

② [德]雅科布斯:《规范·人格体·社会:法哲学前思》,冯军译,法律出版社2001年版,第72~90页。

③ 邱帅萍:《刑罚目的论:基于近现代思想史的考察》,知识产权出版社2016年版,第86页。

④ 陈金林:《积极一般预防理论研究》,武汉大学出版社2013年版,第62、97页。

三个目的与作用:一是社会教育性的学习效应,借以习得对法律的信赖;二是信任效应,借用刑罚的作用,使人民得以看见法律的贯彻实施;三是平复效应,借由对违法者的制裁,而使得民众因犯罪所产生的不安的法意识得以平复,同时将犯罪行为人内在的压力与外在的冲突,加以排解。①

同时,积极的一般预防理论的发展,并非纸上谈兵,从 20 世纪 50 年代起,虽然积极一般预防理论并未形成明文规定,但其思想在德国的法典中有所体现。1986 年,联邦最高法院在内容上区分了消极的一般预防与积极的一般预防,认为后者旨在获得与加强民众的法忠诚感,在于维持和加强民众对法秩序存在与贯彻力的信赖,且德国联邦法院在责任的范围内承认了积极一般预防对量刑的作用。②

积极的一般预防思想与消极的一般预防思想并不矛盾。积极的一般预防思想是以承认刑罚威慑效应为前提,但其主要关注点不是威慑效应,而是由威慑产生出的衍生效应,即在于向社会宣示法秩序的不容侵害,以及借由刑罚作用,强化人民的法信赖。因此,积极的一般预防思想认为,刑罚最重要的核心目的应在于法秩序的维护,而刑罚的主要任务应在于对犯罪人施以再社会化与合规范人格化过程中,达到规范内化的目标。③

(三)积极一般预防的有效性

笔者认为,积极的一般预防思想与消极的一般预防思想无法

---

① 柯耀程:《变动中的刑法思想》,中国政法大学出版社 2003 年版,第 375 页。
② BGH. Urteil vom 07.8.1986, in: BGHSt 34, S.34, S.150(151).
③ 柯耀程:《变动中的刑法思想》,中国政法大学出版社 2003 年版,第 375 页。

完全分开来看,也没有必要完全分开来看。积极的一般预防思想不否定刑罚的威慑效应,它是以刑罚的威慑效应为前提的。如果刑罚没有威慑效应,也就谈不上强化人民的法信赖。有学者认为,在作用机理以及对刑法观念的影响上,真正起作用的还是消极的一般预防理论。[①] 这种观点只看到了刑罚的威慑既在消极一般预防中起作用,也在积极一般预防中起作用,但是忽视了作用方式的区别。刑罚的威慑在消极一般预防中的作用与在积极一般预防中的作用方式是不同的。在消极一般预防中,刑罚的威慑直接发挥作用,阻遏行为人的犯罪动机。而在积极一般预防中,刑罚的威慑间接发挥作用,强化人们对法的信赖与尊重。“在这种情况下,服从法律不再是外在强制的产物,而是内心信仰的结果,刑法也不再是强迫的工具,而具有了某种终极的目的的意义。”[②]积极一般预防思想与消极一般预防思想的差异最后还体现在对刑罚强度的要求上:消极一般预防思想强调刑罚的强度要超过犯罪的危害,使其足以阻吓犯罪;积极一般预防思想则并不要求刑罚强度一定要超过犯罪的危害,而是强调刑罚要能够强化人民的法信赖。那么积极一般预防思想是否有效呢?答案应该是肯定的。

首先,刑罚能够起到道德教化与鼓励守法意识的作用。斯金纳对此指出,惩罚并非直接阻止犯罪的发生,而是通过形成条件性厌恶刺激的方式而让人选择不去犯罪,并强化守法意识。这种条件性厌恶刺激类似于群体控制中的“羞耻感”作用。即刑罚作为犯罪的回应方式,让人对犯罪产生条件性厌恶刺激,而该刺激对合法

---

① 陈金林:《积极一般预防理论研究》,武汉大学出版社 2013 年版,第 94 页。
② 陈兴良:《一般预防的观念转变》,载《中国法学》2000 年第 5 期。

的行为提供自动的正强化。① 同时，弗洛伊德提出的强迫重复原则证明除了外在诱导，人固有的本能也会趋向于选择有秩序和规则的生活。他认为，趋乐原则并不能支配人的整个心理活动过程，强迫重复是一种压倒唯乐原则的更原始、更基本、更富于本能的东西。② 而法律的重要特点就是具有连续性和稳定性，使公民对未来生活有着合理预期，只要公民选择规则指引下的生活，就能在社会生活中满足自己惰性的本能，从而本能地选择法律生活，接受法律指引，进而形成一种非犯罪的守法意识。③

其次，对于刑罚的积极一般预防作用，即通过法律向国民禁止或鼓励某种思考和行动模式，属于大众传播中的宣传、说服活动。宣传活动对大众的说服力，取决于三个变量：宣传的方式、宣传的来源和接受者的特征。④ 其一，宣传的方式主要通过泛化效应与替代性动机这两种方式产生相应的普及守法动机的效果。泛化是指若一种刺激能够引起某一反应，则在相似的刺激下也会引起该反应。新刺激与原来的刺激越相似，就越可能引起相同的反应。⑤ 比如，中止的动机和一般守法动机具有相似性，它们都是关于在犯罪诱惑与规范要求间取舍的思考模式。基于这种相似性，中止动机

---

① 刘娜：《刑罚威慑效能实证研究——以犯罪预防为视角》，武汉大学 2014 年博士学位论文。

② ［奥］西格蒙德·弗洛伊德：《自我与本我》，林尘等译，上海译文出版社 2011 年版，第 6、27 页。

③ 夏丹波：《公民法制意识之生成》，中共中央党校 2015 年博士学位论文。

④ ［美］阿伦森：《社会性动物》，邢占军等译，华东师范大学出版社 2007 年版，第 54 页。

⑤ ［美］霍斯顿：《动机心理学》，孟继群等译，辽宁人民出版社 1990 年版，第 124 页。

便具有普遍化为守法动机的可能。[①] 由类似的特定守法选择转化为普遍性的守法选择，则需要“替代性动机”原理，即个体的行为习得除了源于直接经验——本人的行为受到奖励或惩罚的体验，还可能源于间接经验——对示范者受奖励或惩罚经验的观察学习。这种在观察示范者之后，通过替代性想象的奖励或惩罚而习得的动机，被称为“替代性动机”。[②] 当人通过观察到遵循法律者，如犯罪中止得到相应的刑罚优待时，会替代性习得法律提倡的行为模式。其二，宣传的来源，即作为规范性权威的刑罚，“刑罚表示了社会对特定行为权威的态度，这是刑罚的‘宣言性’机能，如果一个人同意政权作出的评价，他就处在这些评价的影响之下”。[③] 在社会学看来，要实现对行为的社会教育，就必须通过社会权威宣示赞成或拒绝的社会反应，传递社会视为正确和错误的行为模式的信息[④]。刑法通过对中止者刑罚上的奖励而向国民宣告，这种行为选择模式是国家所赞许的，从而使人们信服这是在社会生活中必须秉持的信念。其三，接受者，即相同规范理念的国民，积极一般预防并非要向国民“灌输”一种外来的规范命令，而是要“强化”国民本身就信守的价值理念。它的着眼点不是向国民强行移植规范要求，而是唤醒他们本来就秉持的道德价值和文化信念。这时，刑罚要做的工作，不过是通过刑事司法和大众传媒强化这种信念，使之

---

① 庄劲：《犯罪中止自动性之判断——基于积极的一般预防的规范性标准》，载《政法论坛》2015 年第 4 期。

② ［美］班杜拉：《思想和行动的社会基础》，林颖等译，华东师范大学出版社 2001 年版，第 397 页。

③ ［美］阿伦森：《社会性动物》，邢占军等译，华东师范大学出版社 2007 年版，第 54 页。

④ ［美］弗兰肯：《人类动机》，郭本禹等译，陕西师范大学出版社 2005 年版，第 54 页。

成为一体遵循的行为习惯①。由此可见,积极的一般预防也有着一定的心理依据,这是对一般预防理论的再一次肯定。

从心理学的角度讲,人对外界刺激会做出相应的反应,即刺激—反应原理。据此,刑罚的威慑作用形成的心理过程主要分为四步,即刑法信息的生成(分为静态的立法与动态的司法)—刑法信息的接收(保证刑法信息被对象顺利接收)—刑法信息的处理(出于趋利避害本能与经验选择犯罪与否)—刑罚威慑效果的实现(犯罪成本收益分析后的守法选择)。这种反应可以是情绪上的,也可以是行为上的,这种情绪上的心理感知便是人们对于刑罚的恐惧感、忠诚感以及守法意识,这种感知的能动反应便是人们的守法行为。正如俄国法哲学家莱翁·彼得拉日茨基认为法律现象是由独特的心理过程构成的,而只有通过运用内省的方法才能观察到这个过程。② 守法行为是人对心理活动的能动反映,同时在自省过程中意识到该行为的存在,并将其加以情绪上的强化,从而促进守法行为。由此可见,人的认识能动性以及认识过程中同时产生的情感属性,乃是刑罚存在及其运动之所以导致刑罚客体产生心理效应的心理基础。③

最后,刑罚制度的发展与社会学理论息息相关。一般预防作为刑罚的目的,其最终指向亦是稳定的社会秩序,同时,社会学的一些原理是一般预防的思想来源,并且,一般预防理论也以一些社

---

① 庄劲:《犯罪中止自动性之判断——基于积极的一般预防的规范性标准》,载《政法论坛》2015 年第 4 期。

② L. Petrazycki, *Law and Morality*, trans. By H. W. Babb, Cambridge, Mass, 1955: 8,12.

③ 徐平:《论刑罚的心理效应》,载《全国刑法硕士论文荟萃(1951 届—1988 届)》,中国人民公安大学出版社 1989 年版,第 431 页。

会学原理为依据而构建起来。由于一般预防理论主要针对的是社会大多数人,因此其主要来源于宏观社会学研究,即结构功能主义论中宏观层面上的结构建构,关于此,帕森斯强调秩序、地位角色、共同价值体系在社会结构中的作用,他用"地位—角色"作为最基本的分析单位,"地位"是行动者在社会中所处的结构位置,"角色"则表达社会对这一位置的行为期望,"结构"这种事实同时也是一种规范。[1] 对于此,有学者认为,规范为社会、为人们的行为划定了界限,不同的规范意味着界限不同,社会的构造可谓是依靠规范来实现的[2]。刑罚主要针对不遵守规范、其行为不符合社会期望的人,其施行表明了规范的有效性,并使人们逐渐承认规范的有效性,从而达到预防犯罪的目的。帕森斯还指出,社会秩序基本来自人们大体一致的价值观念和行为基础;作为社会大系统的子系统之一的法律系统执行着社会的整合功能并保证整个社会的团结。[3] 这是规范化内化的表现,通过这种内化的规范,可以更好地促进人们形成守法意识,减少犯罪。同时,卢曼认为法律的功能是"在面临失望时如何维持规范性的期望"。对此,有学者认为,我们生活在一个充满差异的世界里,稳定系统的办法就是对期待的落空进行引导和冷却。[4] 在这里,期待便是指没有犯罪的稳定的社会秩序,而引导和冷却便是指刑罚对于不符合期待之人的惩罚以及更加公正合理的刑罚制度,只有正确的引导

---

① 周怡:《社会结构:由"形构"到"解构"——结构功能主义、结构主义和结构主义理论之走向》,载《社会学研究》2000 年第 3 期。

② 邱帅萍:《刑罚目的论:基于近现代思想史的考察》,知识产权出版社 2016 年版,第 85 页。

③ 陈金林:《积极一般预防理论研究》,武汉大学出版社 2013 年版,第 16、25 页。

④ 陈金林:《积极一般预防理论研究》,武汉大学出版社 2013 年版,第 16、25 页。

和冷却，才会维持人们的期待，而不会去实施犯罪行为。对于刑罚的机能，迪尔凯姆在《社会分工论》中便有所论述，他认为刑罚的真正机能应当是社会团结的维持，而改善犯罪人或者威胁其他潜在的犯罪人不是或者仅仅是次要的刑罚机能。同时，刑罚的重要机能在于安抚公众，因为在公众眼里，违规行为动摇了他们对法律的信仰，而刑罚就是为了向他们表明，这种信仰仍有生命力。[①]海因茨·米勒－迪茨也联系了迪尔凯姆的观点，认为国家刑罚这类正式的制裁能够作用于集体意识，训练规范遵守，他认为这是一般预防的积极的一面。[②]

一般预防理论之所以能够发挥作用，就是在于刑罚的威慑与对法的忠诚，其是以刑法与刑罚为中心而构建起来的预防理论。并且，刑罚制度和刑法规范的建立与国家契约的形成是相互依托的，对此，萨拉莫尼奥在《笔记》中用罗马法的自由契约关系来解释国家的产生，指出国家是由公民之间的自由契约所建立的一种公民合作关系，这一契约条款就是国家的法律，没有这些法律国家将不复存在。[③] 同时，法律作为合作的契约和记载社会成员彼此期待的行为模式的社会规范，自从其功能在人类社会化过程中被发现后，便成为保存人类社会化成果的重要工具，不断得到强化和丰富。[④] 除此之外，人类守法意识的形成基于其正常的社会化进程，而守法意识便是积极一般预防理论的核心。社会学理论为一般预防理论的体系形成与效能发挥奠定了理论基础。

---

① 陈金林：《积极一般预防理论研究》，武汉大学出版社 2013 年版，第 16、23 页。

② 陈金林：《积极一般预防理论研究》，武汉大学出版社 2013 年版，第 16、19 页。

③ 韩晓捷：《西方近代社会契约论研究》，南开大学 2012 年博士学位论文。

④ 夏丹波：《公民法制意识之生成》，中共中央党校 2015 年博士学位论文。

第四章　刑罚特殊预防论之批判

刑罚特殊预防论是关于刑罚正当性根据的理论之一。相较于报应论与一般预防论,特殊预防论不仅产生较晚,而且也不被一般民众所熟悉。大多数民众支持刑罚制度,或者是出于报应,或者是出于一般预防的考虑,很少有人只是出于特殊预防的考虑而支持刑罚制度。虽然如此,特殊预防论自提出以来就在近代刑法学上产生了重要的影响。强调与重视特殊预防,是近代刑罚理论的重要标志。[①] 特殊预防论曾经一度成为近代刑法学中的主流学说,并对刑事司法制度与实践产生了重要的影响,尤其是行刑制度与实践。第二次世界大战后,随着古典刑法学思想的回流与复兴,特殊预防论由于其自身的弱点,逐渐被边缘化。但是,特殊预防论的一些思想已经深入人心,并以制度的形式被保存下来。在当今的刑罚正当性根据理论中,特殊预防论依然占有一席之地。

本章旨在通过对特殊预防论的反思和批判,实现对特殊预防论的扬弃。即一方面抛弃和否定其内部消极、不合理的因素,另一方面继承和发扬其内部积极、合理的因素。

---

① 陈兴良:《刑法哲学》,中国政法大学出版社 1992 年版,第 386 页。

第一节 刑罚特殊预防论的主张与理据

特殊预防论是现代科学昌明的产物，其逻辑是清晰的、一贯的。不像报应论和一般预防论那样前后观点发生了重大变化，特殊预防论的主张基本上是稳定的，没有发生那么重大的变化，这为我们介绍、总结特殊预防论的主张提供了方便。

一、特殊预防论的主张

特殊预防论是以个别性的预防作用方式的目的构想为理论基础，故特殊预防理论又称个别预防理论。该理论认为，刑罚的目的在于预防被科处刑罚的人将来再实施犯罪。详言之，刑罚是对犯罪人科处的，所以刑罚的目的不是预防社会上一般人犯罪，而是预防特定的犯罪人即被科刑的犯罪人将来再行犯罪。①

早期的特殊预防论是以对个别行为人的威吓作用而制止其再犯罪，而产生个别预防的效果，故刑罚的功用意味着要阻吓行为人再犯新罪。这种特殊预防论的观点在历史上常与一般预防论同时并存。如贝卡利亚、边沁等人既主张一般预防，也主张特殊预防，只不过他们认为一般预防才是刑罚的主要目的。直到 18 世纪受到启蒙思想与运动的影响，形成刑事政策人道化的趋势，特殊预防的理论才开始萌芽。到了 19 世纪中叶在刑事政策领域中，以实证的方法重新评估刑罚手段的主张大行其道。这些实证的研究表明：严苛而毫无个别差异，且破坏行为人的性格与人格尊严的刑罚，没有刑事政策上的功能。所以，主张对于犯罪行为人做不同的

---

① 马克昌：《刑罚通论》，武汉大学出版社 1995 年版，第 56 页。

治疗，才能达到防卫社会的目的。[1] 在龙勃罗梭、加罗法洛、菲利及李斯特等人的大力倡导下，特殊预防思想才具备了完整的体系。需要提及的是，特殊预防论者并不排斥一般预防，只是更强调特殊预防。如李斯特不仅主张特殊预防，而且也主张一般预防。从这个意义上说，李斯特是综合预防论者。不过，李斯特认为特殊预防比一般预防更有效，更强调特殊预防。

特殊预防论的主张可以从三个方面来阐述。

（一）特殊预防的目的

简单地说，特殊预防的目的就是预防犯罪。然而，这样的简单说法，混淆了一般预防与特殊预防，因为一般预防的目的也可以简单地说是预防犯罪。与一般预防相比，特殊预防的目的有其自身特点。一方面，特殊预防强调的是"罪后预防"，即在犯罪发生之后，预防犯罪人再次实施犯罪。这与一般预防是不同的。一般预防强调的是"罪前预防"，即通过法律规定的刑罚对大众实施心理威慑，从而阻止人们犯罪。另一方面，特殊预防主要追求的是预防犯罪人再次实施犯罪，而不像一般预防那样追求的是预防社会上的一般人实施犯罪。

（二）特殊预防的对象

特殊预防的对象不同于一般预防的对象。一般预防的对象不是犯罪人，而是社会上的一般人，主要是有犯罪倾向的人。特殊预防的对象则是已然的犯罪人。犯罪人既是犯罪的实施者，又是刑罚的承担者。刑罚只能对犯罪人适用，因此特殊预防的只能是犯

① 林山田：《刑法通论》（下），林山田 2008 年增订十版，第 444 页。

罪人。[1] 不过,特殊预防论者李斯特曾主张,对于那些具有社会危害性,但尚未犯罪的人,如果出于社会防卫的需要,也可以适用刑罚或者采取刑罚性制裁措施,即严格的保安处分措施。[2]

(三)特殊预防的手段

特殊预防论主张刑罚个别化,即对于不同类型的犯罪人应施予不同刑罚,才能达成预防犯罪的目的。如龙勃罗梭认为,传统的刑罚制度对于犯罪来说,既没有预防的功能,也没有镇压的效力,这种刑罚除了对偶发性犯罪人尚能起到一定的威慑作用外,对于其他犯罪人说根本没有什么意义。他认为,犯罪相当于疾病,预防犯罪则相当于治病,治病需要在实验的基础上,逐步掌握治疗种种疾病的方法。同理,对于犯罪人的教育及犯罪预防来说,也只能通过不断的研究来寻找更加有效的措施,应当充分重视对各类犯罪人的预防措施和保护控制措施的研究。[3] 龙勃罗梭以"天生犯罪人论"为根据提出剥夺犯罪能力论,即针对不同类型的犯罪人分别采取隔离、生理矫治、流放、终身监禁、处死等方法使其丧失犯罪或再犯罪的能力或条件,防止其再犯,实现防卫社会之功利性目的。[4] 基于不同犯罪人的不同情形,菲利也认为应当赋予刑事法官更大的裁量权以便能够根据犯罪人的具体情况适用刑法。当然,菲利所主张的刑罚个别化并不是绝对的个别化,而是在对犯罪人分类的基础上,根据犯罪人类型的不同而采取不同的矫正措施。李斯

① 陈兴良:《刑法哲学》,中国政法大学出版社 1992 年版,第 368 页。

② 张筱薇:《比较外国犯罪学》,百家出版社 1996 年版,第 98 ~ 99 页。

③ 张筱薇:《比较外国犯罪学》,百家出版社 1996 年版,第 82 ~ 83 页。

④ [意]切萨雷·龙勃罗梭:《犯罪人论》,黄风译,中国法制出版社 2005 年版,第 333 页。

特根据犯罪人的人身危险性和矫正可能性将犯罪人分为三类,并针对不同的类型提出不同的刑罚策略。首先,对于偶发犯或机会犯,只以刑罚的威慑,产生儆戒的作用即为已足。其次,对于具有矫治可能性的情况犯,则可以刑罚的教化与矫治,而促成其改过自新,重新适应社会生活。最后,对于不具备矫治可能性的习惯犯,则以刑罚将其社会中加以隔离,而使社会不受其害。[①]

除了刑罚之外,特殊预防论还将保安处分作为刑罚必要的补充,以实现预防犯罪的目的。保安处分,是指国家以法律明文规定的对有可能进一步危害社会的无责任能力人、限制责任能力人以及特定具有危险性格的行为进行矫治、医疗、感化等处置的特殊预防方法。[②] 龙勃罗梭虽未明确提出保安处分的概念与系统的保安处分理论,但其为天生犯罪人、青年犯罪人与精神病犯等所设计的某些特殊的处理措施具有明显的保安处分性质。他所主张的对尚未犯罪但有犯罪倾向者施加的隔离措施,意味着国家的提前干预,与作为保安处分的"预防性拘禁"貌似神合。菲利从社会防卫论的角度出发,认为刑罚也好,保安处分也罢,其目的与功效都在于保护社会免受犯罪之害,因而无外乎都是"社会防卫措施",因此,没有必要将两者分而制之。基于此,在其所草拟的意大利刑法草案中,既包括罚金、流放、惩役、监禁等传统刑罚措施,又包括监视、交职业感化院、交监置所、送犯罪狂病院等保安措施,而他未作"刑罚"与"保安处分"的区分,而以"制裁"之名统一冠之。尽管菲利草案并未获得通过,但对当时刑罚制度改革带来了重要的影响。

---

① 林山田:《刑法通论》(下),林山田 2008 年增订十版,第 446 页。

② 赵秉志主编:《外国刑法原理(大陆法系)》,中国人民大学出版社 2000 年版,第 345 页。

李斯特同样强调在刑罚之外设置保安处分的必要性，但是，他不赞成刑罚与保安处分一元化的主张。他承认，刑罚与保安处分作为教育、改造犯罪人的手段具有同一性与可互相替换性。但是，两者又是本质上完全不同的社会防卫手段。他认为刑罚与保安处分应该属于目的相同但适用的条件与根据不同的两类互相独立的措施。相应地，提出对无保护能力的幼年无论其是否犯罪都应施加强制教育、对于习惯性的犯罪人应该在刑罚之外继续施加使之无害或驱逐出社会的措施等保安处分。①

二、特殊预防论的理据

特殊预防论主张特殊预防是刑罚的唯一或主要目的，是刑罚正当性的根据所在。特殊预防论依据的理念是目的论思想，目的论是将目的作为评价一个行为是否正当的根据。一方面，目的必须是有价值的目的；另一方面，实现目的的手段必须有效。

（一）社会防卫论

特殊预防论是将特殊预防作为刑罚的中间目的，最终目的是防卫社会。换句话说，特殊预防的目的或价值是防卫社会。因此，特殊预防论也被称为社会防卫论。

龙勃罗梭最早提出社会防卫的观点。龙勃罗梭认为刑罚不是为报应而存在，因此刑罚存在的根据不应到已然犯罪中去寻找，相反，应立足于未然的犯罪，即刑罚存在的功利意义在于遏制未然的犯罪。他认为犯罪是对社会的侵害，刑罚是社会防卫的手段，必从

---

① 邱兴隆：《特殊预防论的四大立论》，载《甘肃政法学院学报》2000 年第 2 期。

社会自卫立论,才没有反对的余地。换言之,为了保护社会的利益,国家必须对犯罪人科处刑罚。科处刑罚的目的是行为人将来不再犯罪。①

菲利继承并发展了龙勃罗梭的观点。在菲利眼中,"惩罚的权利必须派生于生存的自然状况,更准确地说,应该派生于每一活着的人为了生存的战斗之中"。菲利不但宣称"我们坚信,科学真理的成就将把刑事司法变成一种自然功能,用以保护社会免受犯罪这种疾病的侵犯",从而将防卫社会作为刑事司法的出发点,而且把"得出有关社会防卫犯罪措施的实际结论"作为犯罪社会学的归宿,将"最适合于社会自卫的手段"作为犯罪社会学的基本术语之一,认为对犯罪人的分类是设计社会自卫方式的基础,"各种社会自卫方式都来自罪犯,而且一定要与犯罪的自然原因和主要类型相适应",尤为重要的是,他为社会设计了双重防卫措施:"社会对犯罪现象所能采取的最有效、最有力的防卫措施是双重性的。而且应当同时采取和实施两种措施:一是改善社会环境,对犯罪进行自然的预防,并以此来代替刑罚;二是永久或临时性地消除罪犯"。而这大致指明了社会防卫论的两大基本特征,亦即镇压犯罪与矫治罪犯。社会防卫论在菲利的刑事学中的地位是如此重要,以致受其影响的一些刑事立法取消了刑罚的概念而代之以"社会防卫措施"作为刑罚的称谓。②

前述学者虽然是刑法学新派的先驱者,但更主要的从犯罪学的角度进行研究,主要的贡献是在犯罪学领域内。而德国刑法学家李斯特则基于德国人的论理与稳健,真正从刑法意义上展开了

① 马克昌:《刑罚通论》,武汉大学出版社 1995 年版,第 30 页。

② 邱兴隆:《特殊预防的四大立论》,载《甘肃政法学院学报》2000 年第 2 期。

新派的理论。[①] 李斯特提出了自己明确的刑罚思想，强调刑法中目的刑思想的重要性。即，不单纯地使用惩罚，而是应该通过一定的刑罚达到一定的目的——教育改造和社会防卫。李斯特认为，一切法律均是为了人的缘故而制定的，制定法律的宗旨就是保护人们的生存利益。保护人们的利益是法的本质特征。由法律所保护的利益即所谓的法益。法律规范的背后是国家强制力。国家采取强制措施旨在维护法制、保护社会安全。[②]

（二）经验人与人身危险性

只是从社会防卫论，还推导不出特殊预防的主张。从广义上说，一般预防论也可以被视为社会防卫论。一般预防的目的也可以说是防卫社会。特殊预防论之所主张特殊预防而否定或不重视一般预防论，原因在于特殊预防论对人的认识，尤其是对犯罪人的认识不同于一般预防论。

首先，特殊预防论主张人是“经验人”而非“理性人”，即人不具有贝卡利亚所说的那种自由意志，而是被决定的。如龙勃罗梭认为：“意志自由只是哲学家的虚构，在现实生活中，一个人根本没有意志自由可言，人的行为是受遗传、种族等先天因素制约的，对于这些人来说，犯罪是必然的，是命中注定的。”[③]龙勃罗梭以“天生犯罪人”作为犯罪人的典型代表。天生犯罪人是隔代遗传的产物，是返祖现象，是由生物特征所决定的。他认为，犯罪人可以通过诸多异常特质而区别于非犯罪人，即犯罪人无论在体力、神经和心理上

---

① 张明楷：《刑法的基本立场》，中国法制出版社 2002 年版，第 14 页。

② ［德］李斯特：《德国刑法教科书》，徐久生译，法律出版社 2006 年版，第 6～8 页。

③ 刁荣华主编：《现代刑法基本问题》，汉林出版社 1981 年版，第 10 页。

与正常人相比，都有着种种的反常现象，而这些反常现象是隔代遗传或人体素质退化的结果。天生犯罪人论是对自由意志观念的直接挑战。①

与龙勃罗梭关于人的看法一致，菲利指出："我们不能承认自由意志。因为如果自由意志仅为我们内心存在的幻想，则并非人为心理存在的实际功能。"②在菲利看来，自由意志的幻想来自我们的内在意识，它的产生完全是由于我们不认识在作出决定时反映在我们心理上的种种动机以及各种内部和外部条件。自由意志论表现了人类认识自然和社会的局限性，必然与因果规律相冲突。"生理学以及病理学研究证明，人的意思是完全受其个人的生理、心理状态的支配。统计学的研究揭示了能为社会人的意思活动是依自然的、社会环境的条件而存在的。"他还引证经验心理学当时的新发现来支持自己的观点："人的任何行为均系人格与人所处的环境相互作用的结果。"③

李斯特当然也否定人的意志自由。李斯特认为行为是由行为人的素质和社会环境所决定的，不是什么自由意志。④

其次，特殊预防论者用犯罪人的"危险性"替换了理性人的意志自由。他们认为犯罪人具有基于遗传或生活环境而形成的内在危险性，他们之所以从事犯罪，与自由意志或自愿选择无涉，而是自身危险性驱动的结果，更是遗传或生活环境影响的结果。

---

① [意]菲利：《犯罪社会学》，中国人民公安大学出版社 1990 年版，第 24 页。

② [意]菲利：《犯罪社会学》，中国政法大学出版社 1987 年版，第 14 页。

③ [意]菲利：《犯罪社会学》，中国政法大学出版社 1987 年版，第 9 ~ 10、15 ~ 16、27 页。

④ 马克昌主编：《近代西方刑法学说史略》，中国检察院出版社 2004 年版，第 211 页。

人身危险性的思想由龙勃罗梭首先提出。由于受到进化论影响，龙勃罗梭仅仅把犯罪人的犯罪原因归结为犯罪人的生物学因素，并且提出天生犯罪人思想。天生犯罪人就是指因退化而具有犯罪倾向性的人。因此，在龙勃罗梭眼中，人身危险性就是人基于遗传和体态而产生的犯罪倾向。刑事实证学派将研究的重点放在犯罪人上，重视研究犯罪发生的原因以及犯罪人的人身特征。人身危险性正是这样一种揭示犯罪人的人身特征的理论。由于刑事人类学派过分重视犯罪人的人类学因素，其遭到了普遍的指责和非难，以菲利和李斯特为首的刑事社会学派更多地从社会方面寻找犯罪原因。在菲利看来，犯罪不仅仅是人类学因素决定的，而是人类学因素、自然因素和社会因素共同作用的结果。在此基础上，菲利更是提出了“犯罪饱和法则”。[①] 他认为犯罪并不是人类不可改变的命运，大部分犯罪是可以控制和预防的，并主张通过对犯罪人的矫正来消除犯罪人的犯罪危险性。

李斯特反对菲利的犯罪三原因论，认为菲利所说的自然因素只是社会因素的一种。李斯特主张犯罪是社会因素和个人因素的产物。正如他所指出的，研究表明，任何一个具体犯罪的产生均由两个方面的因素共同使然，一个是犯罪人的个人因素，另一个是社会因素，但他并不承认个人因素和社会因素是同等重要的，“外界因素是主要的诱因”，“个人的因素是重要的诱因”，遗传倾向只是受外部环境的影响才表现为犯罪。在李斯特看来，人身危险性是由社会因素和个体因素决定的犯罪人的反社会性或者危险性，并认为行为人的反社会性或危险性是行为人负担刑事责任的根据。

---

① ［意］菲利：《实证派犯罪学》，郭建安译，中国政法大学出版社 1987 年版，第 26 页。

他根据反社会性的危险程度，将犯人分为偶犯和惯犯，惯犯又分为能改造的和不能改造的两种。[①] 他否认行为本身具有独立固有的意义，主张责任的基础是行为人反社会的危险性格，他进一步解释，行为者的反社会性及危险性是指由于实行行为所证明之“行为人的犯罪情操”、“行为者对于法秩序之态度”以及“行为者之全部的心理特征”。[②] 总之，刑事人类学派和刑事社会学派都非常重视犯罪人的人身危险性，人身危险性通常被理解为行为人所具有的犯罪倾向或称社会危险性、反社会性。

(三)刑罚与保安处分的特殊预防效用

基于人身危险性的观念，特殊预防论反对或不重视一般预防，而主张特殊预防，并认为个别化的刑罚对预防犯罪人再次犯罪的效果最好。如李斯特认为，对于现行的刑法应持的态度不是彻底的否定或破坏，而是进行改革或变更，使之实行更为有效，且适合于刑罚目的之刑事政策。换言之，即要求现在刑法比以前更适合于刑事目的，且能有效预防和镇压犯罪的能力。而要实现这一目的，就不能仅局限于抽象的概念研究，还须将犯罪视作社会及个人的产物。[③]

首先，永远地或者在特定的期限内剥夺犯罪分子继续实施犯罪行为的条件，排除犯罪人再次侵害社会的可能。犯罪是危害社

---

① 马克昌主编：《近代西方刑法学说史略》，中国检察院出版社 2004 年版，第 188 页。

② 马克昌主编：《近代西方刑法学说史略》，中国检察院出版社 2004 年版，第 191 页。

③ 马克昌主编：《近代西方刑法学说史略》，中国检察院出版社 2004 年版，第 202 页。

会的行为，刑罚作为对付犯罪的一种自卫手段所要求达到的直接结果必然是及时剥夺犯罪分子继续犯罪的条件，排除犯罪人再次对社会构成直接危害的危险。对罪行极其严重的犯罪人实行死刑——死人当然不会再犯罪。自由刑、财产刑使犯罪人不能至少难以再次实施犯罪行为。用自由刑将犯罪人与社会隔离，即使那些特殊犯罪——脱逃、狱内犯罪等也是十分困难的。特殊预防这一目的是最低层次的、暂时性的、也是最直接最容易达到的——只要对犯罪人判处并适用刑罚，这一目的就可达到或基本达到。但是特殊预防目的不能仅仅以此为内容，因为即使通过适用刑罚达到这一目的，其保护社会的作用并不能持久，当刑罚执行完毕的时候特别是当罪犯重新走出监狱的时候，这一目的实现也就失去了其前提。所以，隔离犯罪人是刑罚特殊预防目的内容的消极方面。

其次，特殊预防的另一个更重要的内容是通过适用刑罚，把犯罪分子改造成为守法公民，不致再危害社会。这种改造是在惩罚的前提下强制进行的。实现这一目的主要通过刑罚的特殊威慑和对犯罪分子人格、心理、行为的改造，以消除其人身危险性，主要是对犯罪人思想的矫正，因为犯罪客观危害已经造成难以挽回，而犯罪人的犯罪心理是可变的，这就需要针对其特殊心理予以对症解决。这一点，也得到了生物学的确凿证明。苏联著名生物学家巴甫洛夫指出："用我的方法研究高级神经活动，经常得到的最主要的最强烈的印象，就是这种活动的高度可塑性及其强大的可变性；任何东西不是不变的，不可影响的。只要有相应的条件，一切总是可以达到的，并且向好的方面转化。"巴甫洛夫的研究成果从生物学的角度证明了人的心理结构的可改变性，从而为改造矫治犯罪分子提供了科学的依据。这是特殊预防所追求的最主要和最重要的目的，也是预防犯罪最显著最有效的途径，是特殊预防目的的内容的积极方面。

最后,以往在谈到特殊预防论时,往往只谈教育改造论或者将教育改造论同特殊威慑论混为一谈。不可否认特殊预防理论主要的内容是教育改造,这一点尤其为大陆法系所认可,但是特殊威慑论却有其独立的意义。特殊威慑理论的概念同教育矫正论一样,旨在排除罪犯的未来再犯可能。但与教育矫正观不同,其强调的是外在消极地威慑犯罪人,而非积极地教育改造之。特殊威慑的理论基础是一种心理学的自我体验观:"一个人自身经验所造成的心理影响要比他人经验(即从理性上吸取教训)所造成的印象深刻得多。所以,刑罚特殊威慑作用比普通威慑作用更为明显。"①基于这种心理上的自我体验,罪犯往往对刑罚有更深刻的心理印象,对刑罚之恶大于犯罪之利这一点有直接的体悟,这种更加深刻的体悟使得犯罪者未来不敢犯罪。特殊威慑与教育改造的区别由此可得:教育改造是以将罪犯本质上从坏人改造成好人为目的,而特殊威慑的目的则不关心这种改造,施加更加强烈的外在威胁是其目的。特殊威慑在刑罚上一个直接的体现是对累犯的加重处罚。

第二节　刑罚特殊预防论的批评

特殊预防论在创立之初,就获得了理论界与实务界广泛的认同,一度成为刑法学上的主流理论。但是,随着社会思潮的变迁,以及理论上研究的深入,特殊预防论的弊端也逐渐被人所认识和注意。第二次世界大战后,特殊预防论遭到强烈的批评与质疑。

① 储槐植:《美国刑法》,北京大学出版社2006年版,第303页。

一、特殊预防的效果受到质疑

(一)特殊预防以人身危险性为根据,但人身危险性是一个比较模糊的概念,很难予以准确评估

龙布罗梭提出犯罪是由犯罪人的遗传与生理特征所决定的,特定的遗传与生理特征注定了人犯罪的必然性。因此,从龙布罗梭的角度来理解,人身危险性指的是天生的犯罪倾向性。在加洛法罗看来,人身危险性就是罪犯与社会的不适应性。而菲利将人身危险性定位在危险性格上。李斯特则认为人身危害性是反社会性。综合这些观点,人身危险性,实际上指的是特定的人所具有的危害社会的倾向,亦即犯罪的可能性。因此,它是一个定位于将来的概念。[①] 而要对个人将来的行为的可能性作出预测是极其困难的。理由有四:

第一,个人的性格与习惯会受其选择的行为的影响而改变。性格是一种动态的结构,而不是一种实体性的结构;它由一种特定的、相对来说稳定而持久的习惯组织所构成。虽然性格具有一定的稳定性和持久性,但是当新习惯形成、旧习惯被更改时,它当然能够变化和发展。[②] 而且人的性格的形成与改变具有很大的偶然性。你的一个微不足道的选择,就可能会将你变成另外的一个人。例如,一个本来诚实的人,为了一件小事说了谎,然后为了圆这个谎而不得不说更多的谎,以维护自己在他人眼中的诚实人的形象。长此以往,这个原本诚实的人可能变成一个谎话连篇的人。

---

① 邱兴隆:《特殊预防的四大立论》,载《甘肃政法学院学报》2000 年第 2 期。

② 《杜威全集》(中期著作第 14 卷),罗跃军译,华东师范大学出版社 2012 年版,导言第 5 页。

第二,个人的行为与性格会受情境影响而改变。心理学家菲利普·津巴多在《路西法效应》一书中描述了好人或一般人如何转变为去为非作歹的过程。津巴多认为在这个过程中起决定作用的不是“素质”而是“情境”。当面对一些不寻常的举动、一些突发事件或一些反常无理的现象时,传统取向是以某些导致行为的固有特质为了解来源,如基因、个性、品格、自由意志等倾向,要是论及暴力行为,则研究其凶残的人格特质,要是提及英雄壮举,则搜寻个人利他奉献的基因。津巴多认为这种特质论解释高估了特质的重要性,而低估了情境因素。他提出了一系列证据表明人们沉浸在情境中,因情境释放的力量而改变性格。①

第三,影响人的行为与性格的因素多且复杂。人的行为与性格受到众多因素的影响,包括生物因素、心理因素、社会因素等。而且每一种因素内部又包括很多的因素。伯林在描述社会生活时指出,在可以用理论抽象概括的社会上层结构的下面,在越来越复杂的各个层次上,是一张错综复杂的关系网,涉及各种形式的人类交往,越往下就越难以清楚地分类;理论家越是想弄清它们的结构,它们在他的视野中就越模糊;他越是试图分析具体社会单位的全部个性——真实的、独有的、不同于所有其他社会单位的特点,这张网的结构就越复杂,组成它的微粒就越细小、众多和难以捉摸。② 就人类迄今为止的认识能力与手段而言,远未达到可以使我们作出这样的预测的程度。

第四,虽然在某些情况下,人的行为带有一定的规律性,但是,

---

① [美]菲利普·津巴多:《路西法效应》,孙佩妏、陈雅馨译,生活·读书·新知三联书店 2010 年版,第 6 ~7 页。

② [英]以赛亚·伯林:《现实感》,潘荣荣、林茂译,译林出版社 2004 年版,第 33 页。

在相当一部分情况下，行为并无一定的规律可循，而是具有很大的随机性与偶发性。人的性格和习惯是预测一个人的行为的重要依据，但是习惯并不总起作用。有时欲望与冲动会突破习惯与理性的限制，随心所欲地行动。如杜威所说，本能与冲动是天生的、非习得性的活动，它们在行为中占有重要的地位。冲动是重新组织各种活动的枢纽，它赋予旧习惯以新的方向，并改变了它们的性质，因而是偏离常规的力量。①

邱兴隆教授旗帜鲜明地反对根据人身危险性适用刑罚，他指出："与一般预防的需要难以测定一样，个别预防的需要即犯罪人的人身危险性或再犯可能性难以准确预测。相应地，以所谓的个别预防需要作为配刑的基准，必然导致配刑的盲目性与随意性。因此，纵然这种理念是可取的，也因不具有操作性而是不合理的。"②"人身危险性概念的操作性确实很差，使人难以把握。"③"一百多年过去了，究竟如何有效地测量人身危险性仍成为问题，甚至可以说是限制人格主义发展的瓶颈所在。"④

（二）长达近一个世纪的特殊预防实践以失败而告终，给特殊预防论本身招来了灭顶之灾

特殊预防的主要模式是矫正或称康复。事实表明，矫正模式只不过是一个失败的模式。哈格为矫正模式的失败作了最好的注脚："复归性的矫治未被表明在降低累犯率方面有效：无论在美国

---

① 《杜威全集》（中期著作第14卷），罗跃军译，华东师范大学出版社2012年版，第59页。

② 邱兴隆：《配刑原则统一论》，载《中国社会科学》1999年第6期。

③ 翟中东：《刑法中的人格问题研究》，中国法制出版社2003年版，第39页。

④ 孙昌军、周亮：《刑法人格主义的检讨与革新》，载《西南政法大学学报》2006年第1期。

还是在其他地方,在不同程序中经不同方法矫治的人的累犯率,与那些全然未经矫治的人的累犯率并无不同。"[①]哈格的定论远非没有充分的根据。马丁森关于矫正模式在美国23年的实施情况所做的总结,为哈格的结论提供了有力的论据。马丁森写道:"至今所报道的复归性的努力除了罕见的且孤立的例外,对累犯率没有可估计的效果。考察限1945—1967年普遍使用的矫正方法,包括缓刑或假释的小量案件承办数、对特殊化案件承办数的广泛考察、从拘禁中提前释放、刑期与关押程序的变化、个案调整与个别咨询、各种集体疗法、中途之家、提前释放引导中心、镇静药、整形手术室与其他因素。未评估的方法劳动释放。"[②]美国的犯罪统计数据似乎也间接证明了马丁森的观点。据统计,美国在1970年每10万人中约有180名受刑人,到1985年上升至将近320名。[③] 这些数据表明,在美国学术界与司法实务部门占据主流地位的矫治模式似乎没有达到预期的效果。无独有偶,波德逊关于矫正模式在瑞典30年的实施情况总结道:"尽管关押的期限更短、机构更开放、在送入专门机构期间与此后所赋予的治疗资源更多,但是,瑞典的矫正化机构似乎与美国一样高地产生累犯率……"[④]

正是基于对特殊预防的失望,大约自1975年以来,在国际刑事政策中,就不断出现了抛弃过去占统治地位的重新社会化的思想,

---

① 马克昌主编:《近代西方刑法学说史略》,中国检察出版社1996年版,第188页。

② John M onahan, *Predi cting Violent Behavior :An Assessment of Clinical Techniques*, Beverly Hills: Sage Publi cations, 1981.

③ [挪威]托马斯·马蒂森:《受审判的监狱》,胡菀如译,北京大学出版社2014年版,第1页。

④ Robert Martinson, "What Works ? —Questions and Answers About Prison Reform", The Public Int erest.

而要求重新回归报应一般预防的趋势。这种反对处置性刑罚的思潮被称为“新古典主义”，这种思潮在美国和斯堪的那维亚地区获得了特别大的影响。①

关于矫正模式为什么不起作用，哈格作了令人信服的分析。②他认为，导致矫正失败的原因有三：其一，矫正模式将罪犯视为需要矫治的病人，注重对罪犯的心理或生理矫治。然而，“只有疾病可以通过治疗治好。很少罪犯有病。没有令人信服的独立的证据表明罪犯比非罪犯更有病”。③因此，用康复措施矫治罪犯，与其说是对症下药，还不如说是对牛弹琴。其二，“即使是犯有医学上的疾病的罪犯——有的肯定是——也不可能被强迫康复”。因为这样的罪犯所需要的不是强制性的矫治，而是安抚，拿莫里斯的话来说，便是“促进性的改变”必须取代“强制性的矫治”，④亦即“对囚犯的安慰与其监禁刑期应完全独立于其对一种矫治程序的接受。矫治程序只应向那些需要它的人提起”。然而，如何确定罪犯需要的是安抚而不是矫治以及如何设计不具有强制性的安抚措施，均是尚未解决的问题。其三，矫治的成功以被矫治者的配合与积极参与为前提。然而，正如只有病人确信自身有病、需要治疗，并确信治疗可以消除或减轻疾病，他才能接受与配合治疗一样，“当一个人决定进行心理疗法（或因此而接受医疗）时，他要么是因为对

---

① ［德］克劳斯·罗克辛：《德国刑法学总论》（第1卷），王世洲译，法律出版社2005年版，第40页。

② Ernest van den Hag, *Punishing Criminals: Concerning A Very Old and Painful Question*, New York, asic Books, Inc. Publishers, 1975.

③ Ernest van den Haag, *Punishing Criminals: Concerning A Very Old and Painful Question*, New York, Basic Books, Inc. Publishers, 1975.

④ Norval Morris, *The Future of Imprisonment*, Chicago, University of Chicago Press, 1974.

其心理状态不满(如他可能承受焦虑),要么是因为他对其自身的行为不满,以帮助他决定他需要什么与帮助他获得其所需”。与此相反,罪犯不存在配合与参与矫治的前提。因为“罪犯的意图仅仅因为行为受到惩罚才被其自身的行为所挫败。除此之外,他不必拥有任何不满的理由。正是惩罚使他的行为没有报偿并因而也许引起他希望改造它。除非他的犯罪受到惩罚,他的行为未必是自我挫败或无理的”。因此,他没有理由接受与配合矫治。这就决定了“康复性的努力必然无效”。

哈格的分析未必完全正确,但是确实指出了特殊预防的困难。随着社会学、人类学、心理学、教育学等学科的不断进步和发展,未必不能找到达成特殊预防目标的有效手段,但是在科学尚未发达到如此地步的时候,特殊预防的效果还是难以保证。

二、贬低一般预防

一般预防论曾一度是刑法学中的主流学说,被大多人所认同。但是,在特殊预防论的冲击下,一般预防论逐渐失势,特殊预防论者不是否定一般预防便是贬低其作为刑罚正当性根据的意义。如菲利所说,“边沁讲过:由于刑罚不能防止犯罪行为的发生,每次处刑都被证明是无效的。因此,这种医疗方法毫无价值。对犯罪原因的深入研究表明,人不犯某一罪行,是因为有完全不同的原因,而不是畏惧刑罚,这些强有力的基本原因并非立法者的威吓所具备的”。“意图犯罪,受激情支配或是受动摇其道德观念的心理飓风所左右的人,绝不是刑罚威吓所能控制得了的,因为火山爆发般的激情不允许他进行思考。在行为人经过预谋和准备之后而犯罪的案件中,刑罚更无力阻止他去犯罪,因为他希望犯罪之后能逃脱惩罚。所有的罪犯都异口同声地说,在其预谋犯罪时,只有一件事在推动他，那就是希望在犯罪之后安然地逍遥法外，如果他们稍微考虑到有可能被发觉、被处罚，也不会犯罪，只有一时感情冲动者除外。”①然而，一般预防并不像特殊预防论者所批评的那么不堪，一般预防的确有其局限性，但是仍然在预防犯罪中发挥不可替代的作用。

（一）一般预防的效果不容否定

特殊预防论与一般预防论的对立首先是其对刑罚一般预防功能的否定和贬低。龙布罗梭对刑罚一般预防功能几乎持完全否定的态度，菲利与加罗法洛虽然不完全否定一般预防作用的存在，但认为其效果微不足道，因而不值得作为刑罚的目的追求。然而，无论理性的推论还是经验的实证都不但证明了刑罚一般预防功能的客观存在，而且还证明了其效果不容低估。就理性推论而言，刑罚作为一种惩恶扬善的手段，既可以通过对犯罪的否定而晓谕所有社会成员，犯罪是社会所不能接受的行为，促成与强化对犯罪的道德禁忌与习惯性守法，起到一般预防的作用；又可以通过使既已犯罪者实际地承受惩罚之苦，使意图犯罪的潜在犯罪人不敢犯罪，起到一般威吓作用。② 将刑罚的一般预防功能仅仅归结于威慑而忽视刑罚的道德强化功能，或者只看到威慑的局限性而忽视其有效性，从而贬低一般预防的效果，甚至完全否定一般预防功能的存

---

① ［意］菲利：《实证派犯罪学》，郭建安译，中国政法大学出版社 1987 年版，第 28 页。

② 邱兴隆：《撩开刑罚的面纱——刑罚功能论》，载《法学研究》1998 年第 6 期。

在,不是对刑罚功能所应有的正确的理性认识。①

(二)一般预防当然是刑罚的目的

特殊预防论否定一般预防作为刑罚的目的。主要的理由是,以一般预防为刑罚的目的必然导致残酷的、不公正的刑罚。如葛德文认为,将一般预防作为刑罚的目的,必然导致刑罚的残酷,因而使刑罚对犯罪人失之公正。因为“一旦在一方面以报复为动机或者在另一方面身上看到一种可怕的罚一儆百的意图,那就是一种最残酷的野蛮行为。巧妙而残酷的人们忙于寻找新的手段来折磨受害者,或者使那种折磨景象更为可怕,使人对它印象深刻”。②加罗法洛同样以将一般预防作为刑罚的目的可能导致重刑、违背正义为由贬低一般预防作为刑罚目的意义。他指出,“如果仅仅考虑可能模仿罪犯的其他人所带来的威胁就施加惩罚,如果罪犯和对他们所科以的惩罚成为威慑模仿者的手段,那么过激的反应也经常会产生”,“如果威慑被认作是惩罚的主要目的,社会就可以处死那些仍可以适应社会的被告,或者可以对他们实施无益的拷打”。③ 但是,刑罚应否以一般预防为目的与如何运用刑罚来实现该目的是两个完全不同的问题。关于这一点哈特已经说得很清楚。哈特认为,刑罚总的目的正当性问题与刑罚分配问题是两个不同的问题,不能混为一谈。也就是说,以一般预防作为刑罚的目的是一回事,用什么样的手段来实现该目的又是一回事。前期的

① 邱兴隆:《揭开刑罚的面纱——刑罚功能论》,载《法学研究》1998 年第 6 期。

② [英]葛德文:《政治正义论》,商务印书馆 1997 年版,第 558 页。

③ [意]加罗法洛:《犯罪学》,中国大百科全书出版社 1996 年版,第 221 ~ 222 页。

一般预防主要是借助刑罚的威慑效应来实现预防犯罪的目的。这种观点似乎强调"重典"的立法模式,即法律规定重刑以阻吓犯罪的发生。但这不是一般预防论者的观点。虽然一般预防论者认为刑罚痛苦应该超过犯罪给犯罪人带来的快乐,但是他们也强调这种超过应当是最低限度的,否则就会损害社会的整体福利。这显然是与功利原则相悖的。

后期的积极一般预防论虽然不否定消极的一般预防论,但是已经将重心转移到刑罚的教育、信任和平复效应上,而不再强调刑罚威慑的效应。据此,特殊预防论认为一般预防论会导致残酷的刑罚有失偏颇。另外,特殊预防论批评一般预防有失公正着实有些吊诡。一般预防论者,如贝卡利亚,明确表示罪刑应该均衡,即使不像报应论者那样强调公正,至少也是很重视。而特殊预防论主张刑罚个别化、不定期刑,甚至主张对有危险但未犯罪之人进行类似刑罚的保安措施,这显然与公正不着边。特殊预防论批评一般预防论有失公正,可以说是"走百步而笑十步"。

(三)否定一般预防有失功利

如前所述,一般预防不是无效的,而是效果有一定局限。但试问,哪一项制度的效果尽善尽美,特殊预防也有其不能发挥作用的地方。既然一般预防的效用是不容置疑的,否定一般预防就是有失功利的,因为一般预防的预防犯罪效果不是特殊预防可以涵盖的。特殊预防不仅不能涵盖一般预防的效果,而且在效益上,没有一般预防来得高。一般预防的对象是一般人,可以阻止大多数人实施犯罪。而特殊预防的对象是个别犯罪人,预防的是个别人再次犯罪。哪一个更有效益,一目了然。特殊预防论者可能会说,即使没有刑罚的一般预防作用,大多数人也不会犯罪。实际的情况并非如此。从自然发生的现象来看,当一个地区的刑事司法系统忽然瘫痪,原来遵纪守法的人也会肆无忌惮地实施犯罪。这说明,刑罚的一般预防作用一直存在,只不过我们生活于其中,忽视了它的作用。特殊预防论为求特殊预防而否定一般预防,与其预防犯罪的初衷相背离,给人一种“捡了芝麻丢了西瓜”的感觉。[①]

三、侵犯个人自由与权利

特殊预防论最受诟病的还不是其效果不彰,而是其存在侵犯个人自由与权利的风险。特殊预防论正确认识到人不是具有绝对自由意志的,而是受到遗传、素质、社会环境等因素的影响。这一点是值得肯定的。但是,特殊预防论者走向了另外一个极端,完全否定人的自主性,认为人完全是被决定的。在特殊预防论的理念中,作为主体的人消失了,使人沦为物。这与人们的自我认知是完全相悖的。在我们的认知中,人是实践活动的主体,能够能动地改造和控制周围的世界。“主体性是人对世界包括人自身的实践改造性,是从人的内在尺度出发来把握物的尺度的特性,是强调人的发展和人的主体地位对世界改造意义的特性。”[②]人的主体性正是人的尊严所在,否定人的主体性,就是否定人应当具有的尊严。康德说,人是目的而不是手段。就是承认人的主体性,给予人应有的尊严。特殊预防论否定人的自主性,存在侵犯个人自由与权利的风险。主要表现在以下几个方面:

---

① 邱兴隆:《理论缺陷与实践困窘——刑罚个别预防论批判》,载《法律科学》2001 年第 1 期。

② 王于、陈志良:《主体性是马克思主义哲学的基本范畴》,载《求是》1991 年第 14 期。

(一)特殊预防论主张矫正刑,而矫正的界限很模糊,有侵犯人的思想自由的风险

自启蒙运动以来,社会契约论思想深入人心。而社会契约论以承认人的主体性为前提。在社会契约论思想中,国家的权力来源于人民。人民奉献出部分权利以构成国家的权力,同时也保留部分权利,不受国家的干涉。人民保留的这部分权利包括部分行为自由与思想自由,其中思想自由是绝对不能干涉的。[①] 正是因为这个原因,古典刑事学派,如贝卡利亚、康德,皆主张只有行为受到惩罚,思想不能成为惩罚的依据。而特殊预防论则改变了这一观念,主张受处罚的不是犯罪行为,而是犯罪人,并且主张通过矫正犯罪人的思想、性格来达到再社会化和预防犯罪的目的。矫正犯罪人的恶习、恶性,使其复归社会的初衷是好的。但是,如何矫正,矫正的界限在哪里是不清楚的。如此一来,公民相对于国家的权利"自留地"界限变得模糊。国家可以矫正犯罪人为理由或借口,侵入公民个人的思想自由空间,公民的自由与权利将会受到最大限度的压缩。且不说,公民的思想自由受到侵犯会产生什么样的危害,思想自由受侵犯本身就是人民所不能容忍的。在当今人权思想挂帅的思潮下,特殊预防论逆潮流而动,显然不能为人民所接受。更不能让人接受的是,特殊预防论将犯罪人看成病人,将刑罚和保安处分当成对犯罪人的治疗手段,直接否定了人的主体性,侵犯了人的尊严。

诚如赫伯特·莫里斯在《人与惩罚》一书中所说:"如果一个人犯了罪,他有权利得到惩罚,而不是治疗。事实上,可以想象一种

---

① [英]约翰·密尔:《论自由》,程崇华译,商务印书馆1959年版,第18页以下。

情境。在这一情境中，即便存在着法律上的特赦，人们也会要求，也应该获得受惩罚的权利。支持惩罚制度，反对治疗制度的首要原因在于惩罚制度将人当人看，而治疗制度则不然……当我们说没有将人当做人来对待，或'没有将人当做人来尊重'，这些话意味着在我们欣然接受的对待人的方式和我们欣然接受的对待动物和无生命物体的方式之间是存在巨大差别的。当我们仅把人看做动物或无生命物，我们对人的反应就被固定化了，人自身的选择在此无关紧要，我们根本不关心他的选择。当我们'视'一个人为低等人或不是一个人时，我们就认为这个人不具有理性选择的能力。在不把人当人来对待的情境中，我们是在以这样一种方式影响一个人已做的事情，即便这个人亲涉其中，也不是他自己做的，而是由他的塑造者做的。"①

（二）特殊预防论主张根据人身危险性适用刑罚，而人身危险性难以确定，这就为侵犯个人权利开了后门

这并不是说特殊预防论意图侵犯人权，而是说其有侵犯人权的副作用。既然人身危险性没有一个科学的、明确的标准，那么谁有话语权谁就掌握了真理。当权者完全可以利用这一学说，迫害一部分人，以达到其不可告人的目的。举例来说，龙勃罗梭主张生物遗传因素是导致人身危险性的原因。这本来是个科学的论断，本身没有什么问题。但是一旦被运用于政治领域就出现了问题。德国纳粹就曾以龙勃罗梭的思想为借口，污蔑犹太人有危害社会的基因与血统，而大肆迫害犹太人。有人也许会说，犯罪学家关于

---

① 转引自［美］布鲁斯·N. 沃勒：《咖啡哲学》，肖春红、董琳利译，中国人民大学出版社2010年版，第211页。

人身危险性是一套标准的。但是,人身危险性概念本身就是模糊的。人身危险性是指向未来的概念,而人事的未来是不可预测的,[①]这就注定了其模糊本性。

(三)特殊预防论以人身危险性为根据适用刑罚,还存在轻罪重罚、或者无罪施罚的可能

如李斯特主张,刑罚轻重不能仅仅根据犯罪的客观危害事实,而应以犯罪人的性格、恶性、反社会或危险性的强弱为标准对犯罪人进行惩罚,以达到社会防卫的目的。[②] 据此,对于轻微犯罪也有长期剥夺自由的可能。即使犯罪人所犯罪行轻微,如果其人身危险性大,对之也可以处以重刑,即使是犯罪同样严重的人,也可因人身危险性的不同而在处刑上相去甚远。加罗法洛反对对未成年人减轻处罚而主张对之处以比同等情况下的成年人更重的刑罚乃至对之处以"终身隔离或者至少无限期的隔离";[③]1885 年法国关于职业犯与习惯犯的法律规定对此二类罪犯终身流放殖民地;1933 年德国"关于危险习惯犯与保安、改造处分"的法律规定对于危险的习惯犯,只要认为有必要便可以延长其刑期;美国在 20 世纪 20 年代颁布的累犯法规定的对于四次被定罪的累犯,无论犯罪轻重,应处以没有提前释放之可能的终身监禁;[④]如此等等,均是轻罪重罚的明证。

---

① [美]A. 麦金太尔:《追寻美德》,宋继杰译,译林出版社 2003 年版,第 126 页。

② 马克昌主编:《近代西方刑法学说史略》,中国检察院出版社 2004 年版,第 213 页。

③ [意]加罗法洛:《犯罪学》,中国大百科全书出版社 1996 年版,第 259 页。

④ National Council on Crime and Delinquency, Advisory Council of Judges, Model Sen tencing Act.

特殊预防论的主张还使得无罪施罚成为可能。特殊预防论主张对虽未犯罪但有人身危险性的个人采取预防性的手段,即保安处分,既是特殊预防论的逻辑结论,也是特殊预防论者的明确主张。[①] 龙布罗梭所主张的将虽未犯罪但有犯罪倾向的人预先与社会相隔离、对虽未犯罪但有犯罪的生理特征者予以生理矫治;菲利所强调的即使尚未犯罪的人,只要其具有人身危险性,即有危害社会的犯罪倾向,也应该对其实行强制隔离或强制矫治;李斯特所提出的对无保护人的幼儿,即使没有犯罪行为,也要施加强制教育,都是基于对报应的排斥而导致对无罪者施加保安处分的例证。[②] 正如法国学者安塞尔所认识到的一样,保安处分具有强制性,而且,往往涉及对人身权利的剥夺,因此,对未犯罪者施加保安处分,实际上也是一种无罪施罚,同样构成对个人人权的一种侵犯。[③] 特殊预防论的构思刑及无辜,置人的权利与尊严于不顾,显然是不正当的。[④]

(四)特殊预防论主张不定期刑,即是使实际执行的刑期的长短不取决于犯罪的轻重而取决于所谓人身危险性的消减程度的适例

也就是说,在行刑期间人身危险性未减轻者将被实际执行其不定期限判决之上限的刑期。这实际上变相加重了受刑人的刑

---

① 邱兴隆:《理论缺陷与实践困窘——刑罚个别预防论批判》,载《法律科学》2001 年第 1 期。

② 马克昌主编:《近代西方刑法学说史略》,中国检察院出版社 2004 年版,第 207 ~ 208 页。

③ 马克昌主编:《近代西方刑法学说史略》,中国检察出版社 2004 年版,第 364 ~ 365 页。

④ 陈兴良:《刑法哲学》,中国政法大学出版社 1992 年版,第 665 页。

罚。不定期刑对犯罪人的不公正性是如此明显，刑罚体制就其主要方面而言是不公正的。[①] 不仅如此，对人身危险性未消除者施加的所谓“刑罚后拘禁”亦即刑罚执行完毕后的“预防拘禁”，也是特殊预防论导致的对犯罪人行刑不公的表现。为了矫治犯人的癖性，改善犯人适应社会生活的能力，为了保护社会的一般利益，在强制执行完毕后，可以宣告继续执行 5 年以上 10 年以下的预防拘禁。正如德国学者德雷埃所形象地比喻的一样，是“出了这一监门，又进那一监门”，[②]因而与加重刑罚并无二致。

不定期刑是与罪刑法定原则相违背的，而罪刑法定原则以保障人权为旨归。罪刑法定主义是指什么行为是犯罪以及对这种行为处以何种刑罚，都必须由法律事先作出明确的规定。作为资产阶级革命成果之一的罪刑法定主义，最早起源于中世纪的英国大宪章，是十七八世纪资产阶级针对封建特权、罪刑擅断而提出来的，目的是保障个人权利不受国家的任意侵犯。罪刑法定原则的思想最初由启蒙思想家洛克、卢梭、孟德斯鸠所提倡，而贝卡利亚则对确立罪刑法定主义做出了重要贡献。贝卡利亚坚决反对罪刑擅断、极力主张罪刑法定，他认为对于什么是犯罪以及对犯罪所做的惩罚都必须有法律事先作出明确规定，“只有法律才能确定一个人在什么情况下应受刑罚”。[③] 罪刑法定原则要求刑罚必须明确，不能是不定期刑，否则罪刑法定原则将会落空。特殊预防论主张不定期刑等于否定了罪刑法定原则，而罪刑法定原则是人权的重

---

① 邱兴隆、许章润：《刑罚学》，中国政法大学出版社 1999 年版，第 42 页。

② 甘雨沛、何鹏：《外国刑法学》（下册），北京大学出版社 1985 年版，第 637 页。

③ ［意］贝卡利亚：《论犯罪与刑罚》，黄风译，中国大百科全书出版社 1993 年版，第 53 页。

要保障,因此否定罪刑法定原则等于打碎了保障人权的护身符。如美国学者齐林指出,"法官对于法律所已规定的刑罚,有审察环境而加重惩罚的权力。这种办法给了他们专断的处罚权力。他们可以利用他们的地位以报复自己的妒恨,或者一个阶级以强暴手段去对抗另一个阶级中的人员"。①

四、损害公平的正义观

损害公平的正义观就是违背民众要求公平惩罚犯罪的正义感。民众要求公平惩罚犯罪的正义感是客观存在的事实,忽略这一事实,必然遭到民众的反对甚至反抗。特殊预防论主张依据不同类型犯罪人的危险性进行惩罚,即所谓的刑罚个别化,这势必损害民众的公平正义观。

首先,特殊预防论以人身危险性的有无作为决定刑罚是否发动的根据。因此,对于虽然有罪但无人身危险性者不发动刑罚是必然结论。"对于机会犯,则因其无矫治需要,故无再社会化的必要,所以不予刑罚。纵然所犯为重罪,若无矫治需要性,也可不予刑罚"。② 有罪不罚,既意味着对被害人的不公正,也意味着对一般民众的不公平。既不能平复被害人因遭受违法犯罪的侵害而产生的愤恨,也不能满足一般民众因违法犯罪给他人造成伤害所产生的义愤。在愤恨与义愤未得到满足或平复的情况下,且不说这会带来非常严重的后果,如对法律的不信任、不尊重甚至寻求私自报复,这本身就是对民众的一种情感伤害,也是对民主价值的伤害。

---

① [美]约翰·列维斯·齐林:《犯罪学及刑罚学》,查良鉴译,中国政法大学出版社2003年版,第339页。

② 林山田:《刑罚学》,台北,商务印书馆股份有限公司1983年版,第78页。

其次，特殊预防论以人身危险性的强弱作为量刑的根据，因此，对于虽然罪重但人身危险性弱者适用较轻的刑罚是当然的结论。在特殊预防论得势之时，重罪轻罚的立法例与司法实践不胜枚举。美国《示范刑法典》规定，被告已经或将要赔偿受害人、被告过去记录良好、被告的性格和态度表明不可能再犯罪等足以构成不适用监禁的理由，[①]即属此例。如果说有罪不罚是刑罚发动的一种质的不公正，那么，重罪轻罚则意味着刑罚分配的量的不公正。因为无论从被害人还是从一般社会成员的角度来看，低于犯罪严重性的刑罚都很难有公正性可言。

再次，按照特殊预防论，为了鼓励罪犯改造，刑罚的执行应该具有可缩性，亦即当罪犯的人身危险性消除时，可以将其予以提前释放。被西方行刑实践所广为采用的假释制度，便是减轻行刑期限的一种主要手段。在特殊预防论得势之时，通过假释而缩短刑期，在某些国家与地区，尤其在美国，已达到了十分任意的地步。美国的乔治亚、爱达荷、衣阿华等州规定，凡执行有期自由刑者，罪犯随时可以假释。阿拉巴马州规定，只要假释委员会一致通过，犯人随时都可以假释；路易斯安那州规定，对 5 年以下刑期的初犯者，可随时假释；[②]以犯罪人的人身危险性消除为由无限制地减轻判定刑，意味着犯罪人所实际执行的刑罚可以远远轻于其所犯罪行，以致罪刑严重失衡，刑罚之于社会的不公正性显而易见。因此，在美国，假释的滥用被学界、官方、民众乃至假释犯普遍认为是刑罚不公正的重要因素之一。

最后，特殊预防论主张的刑罚个别化还损害了公平正义观念

---

① 李贵方：《自由刑比较研究》，吉林人民出版社 1992 年版，第 190 页。

② 李贵方：《自由刑比较研究》，吉林人民出版社 1992 年版，第 320 页。

中所隐含的平等原则。平等原则就是刑法面前人人平等的原则。平等原则要求不同的人犯同样的罪,不能因种族、身份、地位、财富、权力、受教育程度等方面的不同,而受到不同的对待。特殊预防论主张刑罚个别化,强调依据不同的类型犯罪人的人身危险性而不是犯罪行为进行处罚,必然会出现不同的人犯相同的罪而受到不同的刑罚。这与平等原则的要求不符。此外,刑罚个别化的根据即人身危险性的判断还可能涉及那些与行为人相关的各种因素,有违平等原则的风险与嫌疑。

第三节　刑罚特殊预防论的价值

随着人权文化思潮的到来,特殊预防论的衰落是大势所趋。不过,特殊预防论的一些重要思想的影响依然存在,已经具体化到当代刑法制度之中。

一、特殊预防的必要性

特殊预防的目的具有防卫社会、保护法益的价值,这是毋庸置疑的。问题是,在承认刑罚具有一般预防目的和作用的情况下,特殊预防是否还有存在的余地?答案是肯定的,即使承认一般预防,特殊预防也有其存在的价值。理由有三:

(一)一般预防与特殊预防存在差异,相互独立

一般预防以防止一般人犯罪为旨趣,特殊预防以防止犯罪者本人再犯为内容。一般预防的作用机制包括两个方面:一方面是外在威慑,即通过刑罚的外在规定,使得社会潜在的犯罪人不敢贸然实施犯罪行为,从而减少犯罪,维护社会安全,而不管社会潜在

的犯罪人是受到了行刑场面的恐怖的震慑(早期"行刑威慑论")、心理强制的威吓(费尔巴哈的"心理强制说"),还是通过刑罚之苦和犯罪之利的精确计算(边沁的"功利主义")而不去进行犯罪。另一方面是通过刑罚对一般民众的谴责、教育作用,培养民众对法律的忠诚与尊重意识。

与此不同,特殊预防的作用机制主要则是依靠内在的改造的方式,即把刑罚看作一种强制矫正,通过对已经犯罪的人从主观认识上进行教育和从心理精神上进行治疗,使得其内在的扭曲意识得以回归正常、被破坏的精神状态通过治疗恢复健康、消除犯罪人的人身危险性,从而不致再危害社会,从而预防了犯罪的再发生。只有极少数无法教育改造的犯罪人才使其继续与社会强制隔离,剥夺其再犯能力,防止犯罪的发生。外在威慑与内在改造,造就了一般预防和特殊预防最主要的区别,正如哈格所说:"矫正(特殊预防)影响罪犯的内在意愿,而威慑(主要是一般预防)并不影响可能犯罪的意愿,只是使得这意愿因受到威慑而不敢表达出来"①。

由于目的构想、对象及方法上的不同,一般预防与特殊预防相互独立,既不能将一般预防归入特殊预防之中,也不能将特殊预防归入一般预防之中。特殊预防有独立的地位与价值。

(二)特殊预防是一般预防有益的补充

刑罚的目的与作用首先体现在一般预防上。社会大众之所以支持刑罚,主要理由之一也是一般预防,而非特殊预防。特殊预防相对于社会大众来说过于专业,尤其是那些技术性较强的矫正与

---

① 转引自李川:《刑罚目的理论的反思与重构》,山东大学2007年博士学位论文。

教育方法。但是,特殊预防可以作为一般预防有益的补充而存在。一般预防侧重于罪前预防,预防对象是一般民众。当一般预防对某些人未能起预期作用的时候,就表现为部分人实施犯罪。对这些已然实施犯罪的人严格来说,一般预防是不起作用的。但是,对于这一部分人却不能放任不管,也需要采取一定的措施以防止其再次犯罪,危害社会。特殊预防正好可以弥补一般预防的不足,针对已然犯罪人采取特殊威慑、隔离及矫正教育措施,防止其再次犯罪,以达到防卫社会的目的。不仅如此,特殊预防还可以矫正教育犯罪人的恶性,消除其人身危险性,使其复归社会,重新开始新的生活。这就不仅是消极地预防犯罪,而且是积极地增进个人与社会的福利。

(三)特殊预防在减少犯罪方面发挥着重要作用

传统的观点认为,减少犯罪应该主要靠刑罚的一般预防作用,至于特殊预防只起到较小的作用。这种观点主要建立在这样一种认识上,即犯罪人员与犯罪案件的数量成正比。犯罪人的数量越多,则犯罪案件的数量就越多;犯罪人的数量越少,则犯罪案件的数量就越少。既然刑罚的一般预防作用主要是阻止一般人成为犯罪人,能够控制犯罪人数量的增长,那么一般预防自然是减少犯罪的主力军。

然而,事实可不是这种想当然的情况。李玫瑾教授通过实证的研究方法,得出了不同的结论。她认为,犯罪人数并不简单地与犯罪案件数量成正比。它们之间的关系较为微妙,即真正决定犯罪数量和性质的不在于犯罪人数的多少,而在于犯罪人的人格特征和心理状况。如果同世界上的财富集中在少数人手里一样,决定多数犯罪数量的人恰恰是犯罪群体中的少数人,是那些具有人格问题的犯罪人。[1] 换言之,多数犯罪是由少数人实施的。无独有偶,Beck & Bemand(1989)通过档案分析发现,5% 的犯罪人要对 45% 案件的发生负责;同样,Farrington(1996)的研究也显示,在所有案件中,有将近半是由 6% 的犯罪人完成的。[2] 这些犯罪学研究表明,通过对高危险性犯罪人的有效识别和矫正,可以显著减少社会的犯罪率。

二、特殊预防的有效性

特殊预防的构想最终要落实到实际效果上。如果特殊预防不能起到实际效果,再美丽的构想也只能是构想,没有实际价值。前文已经对特殊预防的实际效果提出了质疑与批评,但是这些质疑与批评不是要否定特殊预防,而是意在指出特殊预防存在的不足,督促特殊预防论者进一步研究相关问题而加以改进。换言之,特殊预防还是有一定实际效果的。

(一)人身危险性确实很难准确评估,但是很难准确评估不代表不能评估,不准确也不代表无用

比如,牛顿力学被爱因斯坦的相对论证明是不准确的,但是牛顿力学仍然是有用的,被广泛地应用于各个实践领域。再如,中医药不符合现代科学的标准,但是中医药的疗效是不容否定的。在当代刑法学理论与实践中,人身危险性概念已经被接受,并且有一套评估人身危险性的方法。虽然达不到科学的标准,但是也得到

---

① 李玫瑾:《犯罪心理研究——在犯罪防控中的作用》,中国人民公安大学出版社 2010 年版,第 14 ~ 15 页。

② 何川、马皑:《罪犯危险性评估研究综述》,载《河北北方学院学报》(社会科学版)2014 年第 2 期。

了认可。从当前刑法理论和立法例看,人身危险性的评估主要包括以下几个方面:(1)犯罪动机和目的。如为挥霍而盗窃和为给亲人筹集医药费而盗窃的,显然前者主观恶性大。(2)犯罪前表现。表现为亲情、友情、在社区的表现、工作表现、有无受过奖励和处分。(3)性格特征。遇事处理方式有无人格障碍。(4)犯罪手段的恶劣程度。(5)对犯罪行为的认识。是明知故犯,还是受人蒙蔽骗;是一时糊涂,还是受迫胁从;对犯罪行为是否存在法律上的认识错误。(6)罪后表现。是真诚悔罪,还是拒不悔改,有无悔改态度及措施和方案。(7)罪前有无稳定工作,刑罚处罚后可否继续从事原来的工作。(8)原来的社会关系、交往圈子对其犯罪是否系诱因。① 在量刑中,审判机关可以根据预防犯罪的需要决定适用的刑罚,在量刑中需要考虑所判处刑罚是否有利于犯罪分子回归社会,如果认为对罪犯判处监禁更有利于其回归社会,可以判处其监禁,反之判处其缓刑;如果认为犯罪分子在未来再犯罪的倾向很严重,可以在公正的前提下适用较长的刑期、较重的刑罚,否则就可以适用较短的刑期、较轻的刑罚。审判机关可以通过对犯罪分子的犯罪情节、悔罪情况等各个方面进行综合评价,如果认为犯罪分子的人身危害性小,社会危害性不大,对犯罪人判处较轻的刑罚,更有利于改造犯罪分子使其顺利回归社会,可以采取减刑或判处缓刑的措施。根据犯罪人的个人情况适用各种刑罚及刑罚方法,可以更好地实现预防犯罪的目的。②

---

① 耿丹樱:《人身危险性的评判和量刑研究》,载《宿州学院学报》2008 年第 5 期。

② 司君盈:《刑罚个别化价值及实现》,吉林大学 2012 年硕士学位论文。

(二)罪犯危险性评估技术不断改进,并在行刑阶段被广泛使用,作为矫正与教育刑的依据

从西方的罪犯危险性评估开展情况来看,自史德曼和科库扎的《精神病人犯罪人的生涯》(1974)一书出版以来,西方心理学界对于暴力行为倾向预测的热情空前高涨。阿根廷的拉普拉特在2011年实施了"风险评估试点项目",在当地法院的申请下,通过HCR-20、PCL-R和VARG,对65名有假释资格的罪犯进行了评估;日本成立了"专门监督官特别队",对缓刑、假释者进行再犯风险评估;英国研发出了"犯罪人需要评价量表",根据量表得分划分风险程度并将不同风险的犯罪人划分为高、中、低三种监管等级。短短的几十年间,危险性评估就已经有了4代成型的评估工具,并且以David Nussbaum为代表的心理家正在开展第5代评估工具的研发工作。通过分析发现,大部分评估工具的预测效度在r=0.2~0.4(Gendreau, Little, & Goggin, 1996)。虽然总体效果还不够理想,但是从最初的0.1提高到0.4,不得不说取得了巨大进步。①

我国对于再犯可能性最全面、最系统的研究,是司法部预防犯罪研究所于1992年出版的《中国重新犯罪研究》,通过专家的经验性总结,提出了影响刑释人员再犯的可能性因素及其动机。在司法实践中,中国监狱系统通常会在犯罪人入监的时候,建立罪犯入监登记表,内容除了姓名、性别、籍贯、罪名、刑期等基本信息外,还包括犯罪人的简历、主要犯罪活动、家庭成员及主要社会关系,以及同案犯资料,希望可以借此对犯罪人进行针对性的教育改造和

① 何川、马皑:《罪犯危险性评估研究综述》,载《河北北方学院学报》(社会科学版)2014年第2期。

社会帮教。2016 年《关于开展罪犯危险性评估工作的意见(试行)》(以下简称《意见》)的出台,标志着我国罪犯危险性评估工作上了一个新台阶。《意见》对罪犯危险性评估的内容作了明确的界定,它是指"监狱机关运用专门的技术和方法,对罪犯发生危及监狱秩序与稳定的脱逃、行凶、自杀等行为以及再犯罪的可能性进行的系统科学的评估和预测。"《意见》明确提出罪犯危险性评估应当遵循客观性、科学性、公正性的原则。在原则的指引下,对评估工作要做到"四个结合":定量评估与定性评估相结合、静态评估与动态评估相结合、常规评估与即时评估相结合、个人评估与集体会诊相结合。罪犯危险性评估的内容决定着评估的科学化程度,《意见》对罪犯危险性评估的内容所体现的维度和因子进行了具体的明确,评估的主要维度有:罪犯的个人基本情况(具体因子包括年龄、文化程度、健康状况、捕前身份、成长经历、特殊技能等)、违法犯罪史(具体因子包括未成年违法情况、犯罪类型、案情、刑期、犯罪性质等)、婚姻家庭状况(具体因子包括亲情关系、家庭结构、家庭变故等)、财产居住状况(具体因子包括经济状况、居住条件、居住环境等)、社会交往状况(具体因子包括交往的对象、交往的方式、有无与违法犯罪人交往等)、成瘾状况(具体因子包括类型、程度等)、生理心理状况(具体因子包括生理条件、情绪稳定性、认知状况、性格缺陷等)、犯罪思维与态度(具体因子包括反社会的价值观、对犯罪的看法等)、现实改造表现(具体因子包括学习、劳动、认罪悔罪、遵规守纪、会见通信、人际关系等)。通过对这些维度和因子的综合研判和分析,对罪犯发生危及监狱秩序与稳定的违规违法行为以及再犯罪的可能性作出评估和预测,进而确定罪犯的危险类别和危险等级。对于危险性评估的方法,《意见》明确指出主要方法有档案分析、结构性面谈、量表测试、行为观察、社会调查、统计分析、综合诊断等。同时指出，监狱机关应当运用多种方法来开展罪犯危险性评估，通过不同方法之间的相互验证，以提高评估结果的可靠性、准确性。[①]

（三）教育矫正刑呈复兴之势，对罪犯的教育、矫正措施不断丰富、创新，取得了一定的效果

20 世纪 70 年代矫正刑受到质疑，全面衰落。以美国为例，矫治刑罚目的观在美国刑事司法领域一直处于主导地位，但 20 世纪 70 年代对矫治刑罚目的观的广泛质疑使其迅速衰落，威慑和隔离开始成为美国刑事司法领域的主导刑罚哲学思想。20 世纪 90 年代之后，监狱人口飞速膨胀又使人们开始反思威慑和隔离带来的司法恶果，重提和改良矫治刑罚目的观，使矫治刑罚目的观得以渐现复兴之势。[②] 从美国刑法学理论来看，著名刑法学家、明尼苏达大学法学院托瑞教授（Michael Tonry）认为，可以用“混乱”来形容当前刑罚目的理论，但“这种混乱状态是起因于学界重新高度关注罪犯矫治项目，诸如家庭暴力法庭项目、毒品滥用矫治项目、心理健康干预项目、（社会）复归项目以及很多基于社区和公益机构的新型矫治项目等”。而矫治刑罚目的观也与恢复型司法（restorative justice）、治疗型司法（therapeutic justice）和社区型司法（community justice）等新兴刑罚观念相互交织。[③]新刑罚论和精算司法的提出者、加州大学伯克利分校的西蒙教授（Jonathan Simon）认为，

---

① 何平：《推进罪犯危险性评估试总工作探索》，载《犯罪与改造研究》2016 年第 10 期。

② 曹兴华：《论美国矫治刑罚目的观复兴的四重面向》，载《山东社会科学》2017 年第 11 期。

③ Michael Tonry, “Purposes and Functions of Sentencing”, 34 *Crime & Justice*. 1 – 2(2006).

"矫治刑罚目的观又重新回到了台面上"。[①] 著名犯罪学家、辛辛那提大学库伦教授(Francis T. Cullen)认为,矫治刑罚目的观应当受到重视,并且已经再次受到重视。[②] 从美国刑事法律实践上来看,联邦立法也显示出重新重视矫治刑罚目的观的取向。美国早在2008年小布什时期就通过了《二次机会法》,支持州、地方和部落等各级政府以及公益组织进行合作,从而降低再犯率和提升罪犯社会融入效果。自2009年以来,美国联邦司法部已经根据《二次机会法》批准了遍布49个州、超过700项改善罪犯社会回归效果的合作项目。2010年,美国通过了《公平量刑法》,修改了《管制物质法》和《管制物质进出口法》,强调量刑要有利于罪犯矫治及其社会回归,取消部分毒品犯罪法定最低量刑,提高附带暴力等加重因素的毒品犯罪法定最低量刑。[③] 不仅在立法上美国重新开始强调刑罚矫正目的,而且美国最高法院也重新重视刑罚的矫正目的。2010年Graham v. Florida案美国联邦最高法院把矫治作为刑罚优先目的来讨论。在该案中,美国联邦最高法院在评价实施非蓄意杀人罪的未成年罪犯适用终身监禁不得假释的刑罚是否合宪的过程中,才第一次以矫治刑罚目的观为基础解析宪法第八修正案。美国联邦最高法院基于心理学和大脑神经科学专家的研究成果,强调未成年人和成年人的大脑之间神经科学上的差异,认为"未成年人比成年人更易于改变","未成年人性格缺陷可改造的可能性极

---

① Michelle S. Phelps, *Rehabilitation in the Punitive Era: The Gap Between Rhetoric and Reality in U. S. Prison Programs*, 45 L. &Soc. Rev. 40(2011).

② rancis T. Cullen, "The Twelve People Who Saved Rehabilitation: How the Science of Criminology Made a Difference", 43 *Criminology*. 1 – 3(2005).

③ 曹兴华:《论美国矫治刑罚目的观复兴的四重面向》,载《山东社会科学》2017年第11期。

大”。美国联邦最高法院认为,判处未成年犯终身监禁不得假释的刑罚,表达了未成年犯不可矫治的观念,“意味着拒绝希望,意味着善良行为和性格改良都无关紧要,意味着将来无论犯罪人内心多么后悔,他都将在监狱中度过余生”。美国联邦最高法院据此认为,这种刑罚不符合矫治目的,是属于宪法第八修正案所禁止的“残酷和非常的刑罚”。①

教育矫正刑的复兴,一方面说明特殊预防构想值得追求,另一方面也证明教育矫正的手段是有实际效果的。随着教育矫正刑日益受到重视,教育矫正手段不断丰富。西方国家的教育矫正主要包括三种模式:个案矫正模式、循证矫正模式和恢复性矫正模式。②主要方法有:分类矫正、管理矫正、激励矫正、教育矫正、心理矫治、宗教矫正、劳动矫正等。国外的探索经验表明,教育矫正措施产生了实际效果,促进了罪犯的矫正与康复。一直以来,我国积极借鉴外国的先进经验,立足于国情,努力探索深化和扩大教育改造的方法,取得了很好的效果。对我国监禁机构矫正效能的经验研究表明:(1)我国的监禁矫正具有较好的预防犯罪效能。我国的监禁矫正至少对80%的罪犯发挥了矫正效能、预防了大部分犯罪或重新犯罪。(2)我国的监禁矫正具有较好的促进罪犯素质改善的效能。我国监禁刑在促进罪犯的素质改善方面主要发挥着六项基本效能:认罪悔罪、行为养成、文化提升、心理改善、技能习得和社会适应。(3)监禁矫正罪犯是有效的且效果是较好的。无论是基于罪犯群体对矫正效能的评估,还是基于罪犯群体、干警群体和公众群

---

① Graham v. Florida,560 U. S. 48(2010).

② 周勇:《罪犯教育矫正模式的创新与发展》,载《中国司法》2013年第3期。

体的综合评估,结果均为"较好矫正效能类型"。①

三、刑罚的宽缓化与人道化

特殊预防论有侵犯人权的一面,但也有宽缓化与人道主义的一面。

首先,特殊预防论者对犯罪原因的深入研究,揭示了犯罪和犯罪人的秘密。特殊预防论者认为,犯罪是由人类学因素、自然因素、社会因素综合作用产生的,犯罪在具体的场合发生或许是偶然的,但是整个社会犯罪的发生则是必然的。在一定程度上讲,大量的犯罪人是社会矛盾与弊病的直接受害者,因此他们不仅是需要惩罚的对象,而且有许多犯罪人是值得同情的或者需要帮助的。这样的思想对于缓和人们对于犯罪人的憎恨,促进刑罚的宽缓具有重要意义。古典的报应论和一般预防论都认为犯罪是自由意志选择的结果,将犯罪原因完全或主要归于犯罪人,要求犯罪人因犯罪而承担所有的道德责任,这对于犯罪人来说并不是完全公平的。特殊预防论对于犯罪原因的研究和对于犯罪行为、犯罪人的科学认识,极大地促进了刑罚的宽容,缓和了人们对于犯罪行为的愤怒和对犯罪人的憎恨,有助于达成犯罪人与社会的和解。

其次,尽管报应论坚持犯罪与刑罚相适应,反对重于责任的刑罚;尽管一般预防论坚持刑罚的节俭性,要求以最小的刑罚量实现最大的预防犯罪的功利效果,但是真正在实践中促进刑罚轻缓化的却是特殊预防论。如缓刑、假释以及其他大量非监禁刑的运用都主要是在特殊预防论的指导下进行的。相反,现代反对刑罚轻缓化主要却是那些报应论者和一般预防论者。特殊预防论还直接

---

① 王超:《监禁矫正效能实证研究》,吉林大学 2015 年博士学位论文。

促成了刑罚的人道化发展。刑罚的宽并不仅仅限于上述内容。无论是矫正论还是剥夺犯罪能力论,都在一定程度上体现了人道主义原则,当然人道主义原则应当促进刑罚的人道化,刑罚应当尽量减轻对罪犯的非人道待遇。大多数犯罪人都是正常的人,所有的犯罪人都是人,因此犯罪人作为人的权利应当被充分肯定,其基本权利在无必要的时候不能进行剥夺。联合国颁布了一系列有关罪犯最低待遇的文件充分说明了这个趋势的必然。

再次,特殊预防论强调犯罪人的康复与再社会化,单就这种观念而言体现了人道主义精神,符合现代社会"人是目的,不是手段"的基本人权理念。人始终是作为社会的主体而存在的,是社会不断进步,走向文明的开拓者,对人的尊重和关怀是社会进步的表现。法律制度的存在是为了保障人的权利与尊严,而不是为了社会秩序而存在。预防犯罪、维护社会秩序固然重要,但不是最终目的。特殊预防论将人的康复与再社会化作为自己的目标,表现了其对人的真正关怀。当然,前提是要避免和防止矫正措施对人的思想自由领域的侵犯,尊重人的自主性。否则,将会出现手段与目的的背离。

最后,特殊预防论积极主张刑罚人道化。刑罚人道化,既非特殊预防论者所首倡,也非其所独自主张,而是早在古典功利论者那里就已经有了。然而,只有特殊预防论者才赋予了其现代意蕴,并将其上升到了作为刑罚所追求的基本价值之一的高度。社会防卫论者安塞尔将"积极主张保护个人的权利与自由,保卫人类并提高人的价值"作为社会防卫论的侧重点之一,并强调"它是建立在人道主义思想基础之上的"。[1] 这可以说是对特殊预防论追求刑罚人

① 卢建平:《社会防卫思想》,载高铭暄、赵秉志主编:《刑法论丛》(第1卷),法律出版社1998年版,第140页。

道化的最好说明。特殊预防论对刑罚人道化的追求表现在诸多方面,最明显而主要者为反对酷刑、强调刑罚的宽容性和提高罪犯的待遇。就反对酷刑而言,特殊预防论者认为,一切剥夺犯罪人基本权利的刑罚均属于酷刑,应予杜绝。刑罚的人道化意味着罪犯作为人的权利得到充分肯定。

第五章　刑罚并合论之批判

刑罚报应论、一般预防论与特殊预防论从不同的角度对刑罚的正当性根据解说各具合理性，但又均具有或此或彼的局限性与片面性。有鉴于此，当代刑法学者在刑罚正当性根据问题上基本上持折衷态度，试图从对诸种刑罚正当性根据论的摒弃、中和与整合中找到一种对刑罚正当性根据的趋于完整的解释。[①] 由此而发展出了"并合论"或曰"综合论"、"一体论"，并成为当今学术界的主流立场。"功利主义和义务论伦理学一起主宰着有关惩罚根据的争论，并因此各自与惩罚的威慑理论和报应理论联系在一起。现在这场有关惩罚根据的争论日益为综合理论所主导。"[②]并合论博采众长，的确有其先天的优势。但是，这条路是否行得通，能不能达到预期效果，是不是最优的选择，还是存在疑问的。

本章旨在通过对并合论的反思和批判，实现对并合论的扬弃。即一方面抛弃和否定其内部的消极的、不合理的因素，另一方面继承和发扬其内部积极、合理的因素。

---

① 邱兴隆：《关于惩罚的哲学：刑罚根据论》，法律出版社 2000 年版，第 257 页。

② ［德］梅尔：《德国观念论与惩罚的概念》，邱帅萍译，知识产权出版社 2015 年版，第 51 页。

第一节 刑罚并合论的概念与理据

并合论并非只有一个或一种模式，而是一个家族，家族中有很多的成员。不同的并合论者在为什么要与怎样将两者相结合问题上所持主张各异，从而形成了不同的一体论模式。根据邱兴隆教授的归纳总结，并合论至少存在九大模式，包括费尔巴哈模式、迈耶模式、奎顿模式、哈特模式、帕克模式、哈格模式、曼可拉模式、赫希模式和帕多瓦尼模式。[①] 邱兴隆教授还提出了自己的构想，即"理性统一论"。[②] 不同的并合论之间也相互争论，经过不断的辩驳，相对报应论[③]成为得到最广泛认同的并合论模式。限于本书的研究目的，不可能也不必要对所有的模式一一进行分析。本书主要针对当前流行的、得到广泛认同的并合论模式，即"报应限制预防"或曰"报应优位于预防"的并合理论（也称相对报应论），进行介绍和批判。

一、并合论的主张

并合论之所谓并合，是对报应论与预防论的并合。其中的预防论包含了一般预防论与特殊预防论。并合论认为，刑罚的正当性根据一方面是为了满足恶有恶报、善有善报的正义要求，另一方面也必须是防止犯罪所必需且有效的，应当在报应刑的范围内实

---

① 邱兴隆：《西方刑罚一体论的九大模式》，载《湖南省政法管理干部学院学报》2001 年第 1 期。

② 邱兴隆：《关于惩罚的哲学：刑罚根据论》，法律出版社 2000 年版，第 318 页。

③ 以下行文中，如果不是特别指出，"并合论"专指相对报应论。

现一般预防与特殊预防的目的。“因为有犯罪并为了没有犯罪而科处刑罚”,是并合主义刑罚理念的经典表述。①

（一）并合的必要性

并合论的出发点是认为报应论与预防论都失之于片面,只有将二者并合在一起才能为刑罚提供全面的、充分的正当性根据。在并合论看来,报应论只强调满足恶有恶报、善有善报的正义要求,而完全忽视或否定预防犯罪的价值和重要性,显然是片面的。预防犯罪是刑法的目的,而刑罚是刑法规定的预防犯罪的手段。如果刑罚完全不追求预防犯罪的目的,那么刑法的目的与任务也将落空。与报应论类似,预防论只强调预防犯罪的重要性,而完全忽视正义的价值,显然也是片面的。正义是法律的重要价值,甚至被人认为是法律的最重要价值。刑罚制度作为法律制度的一部分,当然也要讲正义。非正义的刑罚即使能够实现预防犯罪的目的,也很难说是正当的。如日本学者曾根威彦所认为的,预防论给出了刑罚目的正当性根据,但是光有目的正当还不够,刑罚手段也要正当,报应论的消极方面可以提供这一资源。二者结合起来,才能充分地保证刑罚的正当性。② 因此,无论是报应论还是预防论,都不可能单独地解决刑罚的正当性问题,刑罚的正当性问题需要在报应论和预防论之间进行合理的综合与折衷。诚如哈特所说,对于刑罚制度任何在道德上讲得通的说明,都必然表现为对诸种

① 张明楷:《刑法学》(第4版),法律出版社2011年版,第454页。

② [日]曾根威彦:《刑法学基础》,黎宏译,法律出版社2005年版,第53~54页。

性质各异且部分冲突的原理的一种折衷。①

（二）并合的可行性

并合论认为报应论与预防论是可以整合的，因为二者并不相互排斥或者说是直接冲突。如张明楷教授指出，报应论与预防论都可以从某一角度来说明刑罚正当性的根据。前者以个人为本位，反对将个人作为社会的手段，从犯罪人的个人角度说明刑罚的正当性根据；后者则以社会为本位，主张为了防卫社会而适用刑罚，从社会角度来说明刑罚的正当性根据。由于报应论与预防论是从不同角度来说明刑罚正当性根据的，故二者不完全排斥，而可以结合成相对报应论。② 哈特与罗斯等人认为对刑罚可以从不同的角度提出不同问题，报应与目的是针对不同问题的答案，因此，报应与目的相统一的可行性在于两者是对不同问题的回答。哈特提出，对于刑罚可以从其目的是什么与它应该如何适用两方面追问其正当性，因此，在逻辑上，刑罚的根据有一般正当目的与分配原则之别。目的是对刑罚的一般正当目的的解说，而报应则是对刑罚的分配原则的解说。报应与功利之所以可以相统一，是因为二者是对不同问题的回答。③ 曾根威彦关于刑罚目的与手段正当性的区分，也可以归为这一类观点。

---

① ［英］H. L. A. 哈特：《惩罚与责任》，王勇、张志铭、方蕾等译，华夏出版社1989年版，第1页。

② 张明楷：《刑法学》，法律出版社2011年版，第454页。

③ 邱兴隆：《穿行于报应与功利之间——刑罚“一体论”的解构》，载《法商研究》2000年第6期。

（三）并合的方案

并合论的方案主要包括两个方面。

1. 报应限制预防

报应限制预防是并合论的核心观点。[①] 并合论认为刑罚的目的是预防犯罪，包括一般预防和特殊预防。同时，预防犯罪的目的必须受到报应的限制。报应包括积极的方面和消极的方面。报应的积极方面对应的是积极责任主义，报应的消极方面对应的是消极的责任主义。对预防犯罪目的施以限制的是报应的消极方面，即消极的责任主义。“没有责任就没有刑罚”是消极的责任主义的经典表述。

并合论主张必须坚持消极的责任主义。消极的责任主义所要回答的是刑罚干涉的界限的问题，即“是说为了预防犯罪的话，就马上可以进行刑罚介入，还是说行为人没有责任的话，国家就不能行使刑罚权？”[②]在整体层面上，消极的责任主义意味着对必罚主义的否定。例如，西田典之教授指出：“‘没有责任就没有刑罚’的消极责任主义，是与‘有责任就（必）有刑罚’的积极责任主义对置的。可以说，消极的责任主义的旨趣在于，没有责任时不应科处刑罚。不仅如此，即使在有责任时，从一般预防、特殊预防的观点来看，其他制裁或处分适当时，就应当控制刑罚的适用。”[③]在犯罪成立条件层面上，消极的责任主义是“限定犯罪成立的原则，而不是扩张犯

---

① 邱兴隆：《穿行于报应与功利之间——刑罚“一体论”的解构》，载《法商研究》2000 年第 6 期。

② ［日］曾根威彦：《刑法学基础》，黎宏译，法律出版社 2005 年版，第 38 页。

③ ［日］西田典之：《新版共犯之身份》，成文堂 2003 年版，第 284 页。

罪成立的原则”①。亦即,责任是犯罪的成立条件,没有责任就没有犯罪;责任要素的设定,只能限定犯罪的成立范围,而不能扩张犯罪的成立范围。在量刑基准层面上,消极的责任主义意味着“责任是刑罚的上限”,亦即“责任主义禁止……刑罚超过责任程度”②。如山中敬一教授指出:“责任主义,亦即没有责任就没有刑罚,不仅意味着科处刑罚必须以存在责任为前提,而且意味着刑罚不得超出责任的量。这种将责任的存在作为刑罚的条件,责任的量限定刑罚的量(量刑中的责任主义)的原则,称为消极的责任主义。”③

并合论主张报应对预防犯罪的限制应该是全面的限制而非部分的限制,即在立法和司法上都要限制。在立法上表现为,在确定哪些行为是犯罪时,应该将主观罪过作为构成犯罪的必要要件,这一必要要件使得报应成为限制立法上刑之施加的条件;立法上的法定刑幅度严厉性程度不得超出犯罪的严重性所允许的限度。反映在司法上,刑罚只得适用于犯罪者本人,而司法上刑罚的严厉性程度不得超出犯罪者本人的犯罪的严厉性程度。

费尔巴哈主张司法限制论。即将报应作为司法上刑之施加与裁量的根据,排除了司法上基于预防需要而无罪施罚与轻罪重罚的可能性,因而体现了报应限制预防的原则。但是,他们将一般预防作为刑罚在立法上存在的根据。这意味着立法可以不受报应限制。在并合论者看来,费尔巴哈的主张必然会导致报应限制预防的落空。由于司法以立法为前提和依据,在立法上只以一般预防为根据,这等于排除了报应限制预防的可能性。从这一点看,将费

---

① [日]平野龙一:《刑法总论》,有斐阁 1972 年版,第 52 页。

② Wessels/Beulke, *Strafreeht Allgemeiner Teil*, 30*Aitfl.*, C. F. Moller 2000. 5. 3.

③ [日]山中敬一:《刑法总论》,成文堂 2008 年版,第 578 页。

尔巴哈归为一般预防论者比将其归为并合论者可能更合适。

哈格主张允许例外论。哈格认为:"规定惩罚的立法者并不唯一关注功用,分配刑罚的法庭也不将自己仅限于正义。"因此,虽然报应限制目的应该是一项原则,但是,它应该允许例外。也就是说,"偶尔,法律本身可能为了其他社会价值或需要而牺牲正义"。严格责任虽然不正义,因为它主张对没有罪过的行为施加刑罚,但在立法上得到了确认。这是立法上刑罚基于目的的需要而不受报应限制的明证。而为了剥夺具有构成累犯严重危险的罪犯的犯罪能力而施加超过罪刑相适应所允许的刑罚,则是司法上刑罚不受报应制约的明证。并合论者认为,允许例外论同样不具有合理性。原因在于,允许例外意味着为了追求目的,刑罚在特定情况下可以不具有公正性。这无异于是对刑罚的公正价值的否定。①

2. 报应让步预防

报应限制目的,这主要是从报应的消极方面而言的,即将报应意义局限于"没有责任的人,不能受到处罚"以及刑罚不能超过责任允许的限度的消极立场上。报应让步预防则是从报应的积极方面而言的。所谓报应让步预防,就是指当报应与预防相冲突的时候,可以不根据报应的要求作出不利于个人的选择,而可以根据预防犯罪的要求作出有利于个人的选择。② 如张明楷教授所说:"一般预防与特殊预防的必要性较小时,不应当追求刑罚与罪行的重

---

① 邱兴隆:《穿行于报应与功利之间——刑罚"一体论"的解构》,载《法商研究》2000 年第 6 期。

② 邱兴隆:《关于惩罚的哲学——刑罚根据论》,法律出版社 2000 年版,第 326 页。

大性相均衡，而应当根据预防的需要适用较轻的刑罚。”①需要强调的是，并合论并没有完全放弃报应的积极方面。

有些学者则认为应当完全放弃报应的积极方面。如曾根威彦教授认为，考虑科刑自身的伦理性不仅是没有意义的，也不可能将刑罚比照其他目的，考虑其是否有效、必要的余地。② 再如罗克辛教授认为，报应论的积极方面没有存在的必要。首先，如果刑法的任务在于保护法益，那么完成这个任务就不允许使用明显不考虑各种社会目的的刑罚。在根据法益保护的理由不需要刑罚的地方，报应的思想也要求刑罚。在这种情况下，刑罚不再为刑法的任务服务，丧失了自己在社会中的合理性根据。换句话说，国家作为一种人为建立的公共机构，没有能力也没有权利将形而上学的正义思想变为现实。其次，那种认为弥补或消除罪过的思想，只有在一种宗教信仰中才是可以理解的。但是，自从国家的权力不再是来自上帝而是来自人民以来，国家就不能要求任何人负有忠于宗教信仰的义务。最后，一种有待报应的罪责的看法是与自由意志的观念紧密结合的，但是自由意志是否存在无法证明，使其无法恰当地作为国家干涉的唯一根据。③

并合论也反对绝对报应主义，认为绝对报应主义是建立在绝对自由意志基础之上的，既然不存在绝对自由意志也就否定了绝对报应主义。但是，并合论认为报应的积极方面还是有一定的价值，不能完全放弃。如张明楷教授认为报应论的积极方面还有一

---

① 张明楷：《责任主义与量刑原理——以点的理论为中心》，载《法学研究》2010年第5期。

② ［日］曾根威彦：《刑法学基础》，黎宏译，法律出版社2005年版，第49页。

③ ［德］克劳斯·罗克辛：《德国刑法学总论》（第1卷），王世洲译，法律出版社2005年版，第38页。

定的意义,国民的报应情感还是需要考虑。他指出,罗克辛其实也并非完全不考虑报应的积极方面,只不过罗克辛将这部分内容转移到积极的一般预防思想之中了。① 张明楷教授认为,刑罚制度中的缓刑、减刑、假释制度都是目的刑论的产物,而对这些制度适用条件的限定,在很大程度上取决于报应观念的积极方面。② 邱兴隆教授则是从另外的角度反对完全放弃报应的积极方面。他认为,惩罚的内在价值在于表达对犯罪的道德谴责,而道德谴责具有相对于预防犯罪的独立性。这决定了报应作为刑罚的根据不是功利的附庸,而是有其相对独立性的。③ 这个观点有商榷的余地。首先,从道德谴责本身来看,其内在价值是什么,似乎并不明朗。如果认为道德谴责是人要对其行为负责的内在要求,那么我们不同意这种观点。因为我们在本书的第二章中已经指出,负责任和谴责没有内在的关联,对犯罪行为负责并不意味着需要对其谴责。其次,如果认为道德谴责只是因为能促成某些有价值的结果,如罪犯之自觉的改造,他承认其道德错误,或保持、强化或"维护"受惩罚的人所违反的社会道德,才有价值。那么它已经被吸收到积极预防之中,不再具有独立的地位。基于这两点思考,将道德谴责作为报应积极方面的依托似乎并不牢靠。

除上述两方面之外,还有一点可作为补充:特殊预防优先一般预防。并合论认为一般预防与特殊预防都以预防犯罪为目的,且皆具有预防犯罪的效果,应当综合加以运用。一般预防是通过刑罚对一般人的威慑、教育等作用实现预防犯罪的目的,虽然有其局

---

① 张明楷:《刑法学》,法律出版社 2011 年版,第 456 页。

② 张明楷:《刑法学》,法律出版社 2011 年版,第 454 页。

③ 邱兴隆:《关于惩罚的哲学——刑罚根据论》,法律出版社 2000 年版,第 327 页。

限,但是不可或缺。特殊预防是通过刑罚、保安处分对已然犯罪人的威慑、隔离、矫正等作用实现预防犯罪的目的,虽然尚未完全实现预期效果,但也是必不可少的。二者既然都以预防犯罪为目的,只是手段不同,完全可以综合运用。① 然而,一般预防与特殊预防毕竟在具体的目标上、手段上都存在差异,它们之间不仅有合作的一面,还有冲突的一面。并合论主张,当一般预防与特殊预防在司法中发生冲突时,应当侧重于特殊预防。并合论认为,在司法阶段,当特殊预防的必要性小,应当科处轻刑,但一般预防的必要性大,应当科处较重刑罚时,能否科处较重刑罚?并合论者的回答是不能。并合论者认为,允许为了一般预防而科处较重的刑罚,有将被告人作为预防他人犯罪的工具予以利用的嫌疑,并不可取。因此,当行为人的特殊预防必要性较小时,即使一般预防的必要性大,也不能在责任的限度内科处较重刑罚,相反应科处较轻的刑罚。如果一般预防的必要性不大,可以科处较轻刑罚时,能否因为特殊预防的必要性大,而科处较重刑罚?并合论者对此的回答是肯定的。并合论者认为,刑法规定的法定刑已经考虑了一般预防的需要,而特殊预防只能由法官在量刑时、执行机关在行刑时考虑。如果法官在量刑时不考虑特殊预防必要性的事实,就不可能发挥刑罚的特殊预防机能。所以,当法官根据量刑资料,确信特殊预防的必要性大时,就可以在责任限度之内,从重处罚。②

二、并合论的理据

并合论之所以提出上述三点主张,主要的理据有以下三点:一

① 曲新久:《刑法的精神与范畴》,中国政法大学出版社 2003 年版,第 327 页。

② 张明楷:《责任主义与量刑原理——以点的理论为中心》,载《法学研究》2010 年第 5 期。

是权利优先于功利;二是人道主义优先于公平的正义观;三是司法中个案优先。

(一)权利优先于功利

并合论之所以主张报应限制预防,背后的理据就是权利优先于功利。因为报应论主张的消极责任主义背后的价值是个人尊严与权利,而预防犯罪背后的价值是功利。报应限制预防,其实就是个人权利限制功利。既然权利限制功利,那么权利当然优先于功利。在并合论者看来,功利固然重要,但是人的尊严与权利更重要。如曲新久教授认为,国家在为了最大多数人的最大量幸福而惩罚犯罪人以保护公共利益时,不能丝毫不考虑和尊重个人。功利主义不能以"公共利益"为由而干涉为个人所确立的领域或者原则——这是正义的要求。① "正义否认使一些人享有较大利益而剥夺另一些人的自由是正当的。"②曲新久教授这里说的虽然是正义,但落脚点都在权利或自由上。可以这么说,正义之所以成为法律追求的重要价值,背后的原因就在于其对个人权利与尊严的保护。如果只有正义之名,而背后没有个人权利作为支撑,这样的正义不值得拥有那么崇高的地位。比如,我们后面要谈到的公平的正义观。这种公平的正义观没有个人权利与尊严作为后盾,就不再那么受到重视。

在论述社会秩序与个人自由的关系时,曲新久教授更是明确表示,"在刑法领域,我主张,将个人自由放在第一位,将社会秩序放在第二位,刑法应当尽最大可能地保护和保障个人自由,同时维

① 曲新久:《刑法的精神与范畴》,中国政法大学出版社2003年版,第94页。
② 罗尔斯:《正义论》,中国社会科学出版社1988年版,第25页。

护社会秩序的稳定。现代刑法的首要任务是维护个人自由,如果不把个人自由放在首位,那么刑法的现代文明等特点将大打折扣”。[1] 由于社会秩序可归为功利价值,个人自由是个人权利的内核,因此主张个人自由优先于社会秩序,就是主张个人权利优先于功利。

(二)人道主义优先于公平的正义观

并合论主张报应让步于预防,实际上是在主张人道主义优先于公平的正义观。为什么是人道主义而不是功利?预防背后的价值不是功利吗?从预防的积极方面来看,其价值是功利。但是这里所说的预防,主要是从预防的消极方面来说的。报应让步于预防,是指报应的积极方面让步于预防的消极方面。即当预防必要性小于报应所要求的公平的惩罚时,应当适用较轻的刑罚而不是公平的惩罚。从预防的消极方面来看,体现的是刑罚的人道主义原则。而人道主义原则要求刑罚尽量轻缓,能不用刑罚就不用刑罚,能用较轻的刑罚就不能较重的刑罚。

报应的积极方面的背后是公平的正义观。绝对报应论者康德、黑格尔等人把报应的积极方面或者说是积极的责任主义建立在绝对的自由意志基础之上。但是绝对的自由意志已经被证明是不存在的,因此报应的积极方面只能建立在公平的正义观基础上了。张明楷教授所说的国民报应情感,实际上就是我们所说的公平的正义观念。只不过,国民报应情感突出的是情感的一面,公平的正义观强调的是观念的一面。事实上,情感和观念是不可分割的两面。情感因观念而发,观念因情感而动。

---

① 曲新久:《刑法的精神与范畴》,中国政法大学出版社 2003 年版,第 62 页。

综上分析,既然这里的报应背后的价值是公平的正义观,而预防背后的价值是人道主义,因此,并合论主张报应让步于预防,实际上是在主张人道主义优先于公平的正义观。

(三)司法中个案优先

并合论者认为,在立法中主要考虑报应、责任与一般预防,而不包括特殊预防。因为犯罪情况因人而异,立法者不可能预先设想到每个特定犯罪人的犯罪情况,制定兼顾特殊预防的法定刑。而一般预防则是立法者的考虑,比如,同样是诈骗,保险诈骗罪的法定最高刑是10年以上有期徒刑,而诈骗罪的法定最高刑却是无期徒刑。前罪不仅侵害了财产法益,而且侵害了金融管理秩序,按理说法定最高刑要重,但立法者却对只侵害财产法益的诈骗罪规定了更高的法定刑。其理由就是,后罪相较于前罪案发率更高,也更容易被人们模仿,为了威慑一般人、防卫社会而规定苛刑,即后罪的一般预防必要性大。① 并合论认为,既然一般预防已经在立法中有所考虑,具体化到法定刑之中,在司法中应该侧重于特殊预防,即个案优先。不仅如此,并合论还认为在司法中主要考虑特殊预防,是出于对犯罪人尊严与权利的保护,不能为了一般预防的需要而牺牲犯罪人的尊严与权利。

第二节 刑罚并合论的批评

虽然并合论是目前刑法学界的通说,但是“由于报应刑论与预

---

① 徐宗胜:《刑罚目的二律背反问题新解》,载《甘肃政法学院学报》2019年第1期。

防刑论之间存在着不可克服的矛盾,目前还没有一种综合理论能真正做到形成统一的刑罚理论”。① 并合论宣称其可以实现报应论与预防论之间的“优势互补、弊害相克”。预防论追求预防犯罪的效果,有时可能导致刑罚过重,而这个弊端正好可以由报应论来克服,报应论给刑罚划定上限,使得刑罚不超出报应的要求的刑罚的范围;报应论要求有罪必罚、罚当其罪,这可能导致从预防犯罪角度而言不需要判处刑罚或不需要判处那么重的刑罚时也必须判处刑罚或判处那么重的刑罚,而这个问题正好可以由预防论来解决,预防论限制了无效或不必要刑罚的适用。② 但是,并合论是否真如其所宣称的那样实现了“报应论与功利论之间的优势互补、弊害相克”,尚存疑虑。

一、“优势互补”未能实现

并合论宣称其可以实现“报应论与功利论之间的优势互补、弊害相克”,但实际情况是“弊害相克”实现了,而优势互补并未实现。

(一)预防论的优势受限

报应论给刑罚划定上限,克服了预防论的弊端,但也限制了预防论的优势。预防论主张预防犯罪是刑罚正当性的唯一根据,结果可能是为了追求预防犯罪目标的实现,而适用严苛的刑罚。不管预防论如何申辩其理论本身并不必然导致重刑,但现实的情况是,中西方历史上都存在过重刑泛滥的时期,而这些重刑的施行无

① 何秉松:《人权防卫论——对传统刑罚理论的反思与超越》,第二届全球论时代犯罪与刑法国际论坛宣读论文,2010 年 10 月。

② 张明楷:《刑法学》,法律出版社 2011 年版,第 454 页。

不是以预防犯罪为辩护理由的。并合论强调刑罚不得超过报应的限度，即使这样的刑罚能够实现预防犯罪的效果，从而限制了刑罚无节制的滥用。虽然“报应限制预防”有积极的意义，但失之于绝对，从而产生了负面作用。

一是，报应限制预防绝对化将会导致预防犯罪的目的无从实现，破坏刑罚的预防性。并合论承认预防犯罪是刑罚的目的，即主张刑罚具有预防性。如果“报应限制预防”是绝对的，当报应与预防要求的刑罚不同时，完全不考虑预防犯罪的需要，而只考虑报应的要求，那么刑罚预防犯罪的目的将无从实现，刑罚的预防性被否定。如德国学者雅科布斯所言：“如果责任应该限定预防上的要求，它就必须纯粹地即不依赖预防性确定提供刑罚份量……如果刑法是因为预防而被采用的，那么，（限定性）责任就必须大致与预防相适应，或者责任把预防破坏到无效果的程度，而无效果的刑罚肯定不再表明它是预防性的。”①

二是，在社会治安环境严重恶化的情况下，报应限制预防将会导致公众权益得不到应有的保护。社会治安环境严重恶化会对公众人身财产安全造成严重的威胁与危害，预防犯罪、保护公众利益就成为首要目标。在这种情况下，如果还固守“报应限制预防”，结果将是刑罚预防犯罪目的落空，公众安全得不到保障。例如，20世纪80年代，我国社会治安形势严重恶化，党和政府决定采取“严打”的刑事政策，严厉打击各类刑事犯罪，短时间内取得了良好的效果，社会治安形势得以好转，公众权益受到保护。虽然“严打”存在不少问题，对有些犯罪分子适用的刑罚过重，但是从历史上来

① ［德］格吕恩特·雅科布斯：《行为　责任　刑法——机能性描述》，冯军译，中国政法大学出版社1997年版，第4～5页。

看,"严打"是必要的、合适的。如果当时我国不采取"严打"的刑事政策,而是"四平八稳"地严守"刑罚不得超过报应的限制",后果可能是社会治安形势持续恶化,公众合法权益得不到保护,政权的合法性受到质疑。

(二)报应论的优势受损

预防论限制了无效或不必要刑罚的适用,克服了报应论的弊端,但也损害了报应论的优势。报应的积极方面要求犯罪人犯了多大的罪就必须受到多大的刑,即"以眼还眼,以牙还牙"。即使刑罚没有预防犯罪的功效,也必须被适用。如康德曾谓:即使一个公民社会经过所有成员的同意而决定解散,待在监狱里的最后一个杀人犯也必须被处决,否则就是对正义的公开违犯。[①] 报应的积极方面完全不考虑刑罚预防犯罪的效果,显然与刑罚的预防性相悖。预防论强调刑罚预防犯罪的效果与必要性,主张在无效或不必要的情况下不判处刑罚或不判处那么重的刑罚,具有合理性。

"报应让步预防"的弊端亦在于其主张过于绝对。预防论的消极方面当然具有重要的价值,可以避免无效、不必要的刑罚。但是,报应论的积极方面也同样具有重要的价值,可以满足国民的报应情感,有利于增强国民对法秩序的信赖。而并非如有些学者所主张的那样,报应只能满足抽象的、形而上的正义思想。[②] 在有些案件中,积极报应的权重可能要大于消极预防的权重,国民的报应

---

① [德]康德:《法的形而上学原理》,商务印书馆 1991 年版,第 166 页以下。

② [德]克劳斯·罗克辛:《德国刑法学总论》(第 1 卷),王世洲译,法律出版社 2005 年版,第 38 页。

乃至报复情感如此强烈,使司法者不得不重视它,甚至超过对预防的重视。国内曾发生过一起案件,某人与他人发生纠纷,出言不逊,辱骂对方。不巧,对方有心脏病,受到刺激后,倒地身亡。经过审理,法官判定被告构成过失致人死亡罪。从预防角度来看,对行为人判处刑罚很难取得效果,甚至还会引发行为人的不满。但不能据此认为该案法官的判决是错的,因为该判决虽然可能达不到预防犯罪的效果,但是却能够满足公众对报应正义的要求。有人可能认为,法官是受到被害人家属的压力才作出这样的判决。这说的是法官裁判的动机而不是裁判的理由。即使法官裁判确实是受到被害人家属的压力所致,法官裁判的理由也与之无关。公众对法官裁判的评价所依据的不是他的动机而是给出的裁判理由。

由上述批判可得出结论:并合论未能如其所宣称的那样,实现"报应论与预防论之间的优势互补、弊害相克"。在一定程度上,"弊害相克"是存在的,但是"优势互补"并未实现。因为"报应限制预防"导致刑罚的预防性受到限制,"报应让步预防"又导致刑罚的报应性受到影响。

二、权利与功利之间无法抽象排序

并合论之所以主张报应限制预防,理由是在价值序列上权利优先于功利。并合论脱离语境抽象地对权利与功利的排序是武断的,没有客观的标准。

首先,权利与功利不可通约。权利是一种重要的价值,功利亦是一种重要的价值,但是它们是性质不同的两类价值。性质不同的价值不像黄金、白银、黄铜那样可以放在一个单一的尺度上衡量，即不可通约。而不可通约的价值不可能就“总体价值”作出比较。[①] 抽象地谈论权利与功利，有人可能认为权利比功利更重要，而有人可能认为功利比权利更重要。到底权利与功利哪一种价值更高？没有一个客观的、中立的评价标准。麦金太尔将其称为不可公度性，即没有合理性的方式来衡量比较不同的价值主张。正是因为我们的社会中没有任何既定的方式可以在这些主张之间进行抉择，道德论辩才必然无休无止。[②] 然而，并合论却武断地认为，权利的价值优先于功利的价值，并以此为基础构建自己的理论。可是这个基础并不如并合论所想象的那样自明、可靠。

其次，一般语境下的价值排序不能普遍适用于具体语境下的价值排序。权利与功利虽然不可通约，但不可通约不等于完全不可以比较。不可通约的价值不能脱离情境抽象地进行比较，但是在特定的语境中是可以比较的。例如，在一个持存的文化里，各种价值终究要有个大致稳定的配置，形成一套价值系统。[③] 在这套价值系统中，价值排序是可能的也是现实的。“立法的目的是在价值交错组合以及按轻重缓急排列价值顺序的基础上制定中立的规则。”[④]但是，立法的价值排序不等于司法的价值排序。立法的价值排序是在一般的语境中进行的，而司法的价值排序则需要在个案的具体语境中进行。即使我们可以达成共识，同意并合论对权利与功利的价值排序，立法上也承认这种价值排序，但是在司法上，

---

① ［美］约翰·格雷：《自由主义的两张面孔》，顾爱彬、李爱华译，江苏人民出版社 2002 年版，第 36 ~ 37 页。

② ［美］A. 麦金太尔：《追寻美德》，宋继杰译，译林出版社 2003 年版，第 9 页。

③ 陈嘉映：《价值的理由》，中信出版社 2012 年版，第 80 页。

④ ［美］昂格尔：《现代社会中的法律》，吴玉章、周汉华译，译林出版社 2008 年版，第 251 页。

由于个案语境的特殊性，也可能翻转过来。应当承认一般语境下的价值排序是可能的，也是必要的，它对具体语境下的价值排序还具有指导性作用，但不是决定性的。对具体语境下的价值排序起到决定性作用的是该具体语境。①

最后，秩序井然的和谐观念不符合实际情况。如英国学者伯林所提出的，这种观念源于一个古代的教义，即所有真正好的事物都在一个单一、完美的整体中相互关联，或至少彼此相容。② 该教义并不否定价值间会有冲突，而是认为在价值的整体中存在最高的价值，根据这个最高价值可以为不同的价值赋予不同的地位与优先次序，从而使整体价值体系形成一个和谐的图画。如果按照这个图画所描述的价值序列来处理实践问题，那么就是正确的选择。然而，“我们在日常经验中所遭遇的世界，是一个我们要在同等终极的目的、同等绝对的要求之间做出选择，且某些目的之实现必然无可避免地导致其他目的之牺牲的世界。”③我们必须抛弃那种认为价值整体和谐的观念，认识到实践中价值间的冲突是永远存在的。事实也的确如此，抽象地谈价值目标间的排序只会陷入争论不休的境地。

三、公平的正义观不容忽视

人道主义固然重要，但是公平的正义观也很重要。人道主义

---

① ［美］雅克·蒂洛、［美］基思·克拉斯曼：《伦理学与生活》，程立显、刘建等译，世界图书出版公司2008年版，第156～157页。书中讨论的是伦理原则的排序问题，但对于价值排序也同样适用。

② ［英］以塞亚·伯林：《论自由》，胡传胜译，译林出版社2003年版，第4页。

③ ［英］以塞亚·伯林：《论自由》，胡传胜译，译林出版社2003年版，第241页。

当然是好的，是值得追求的。但是在具体的语境下，人道主义的含义与价值是不同的。不能在任何情况下，都认为人道主义具有最高的位阶而优先于其他方面的考虑。如杜威所说，“为罪犯而伤感——由于情感的炽热而宽恕罪犯——对罪犯的产生也负有责任。”①同样，一味地强调人道主义而忽视公平的正义观也会带来严重的后果。公平的正义观念深深地扎根于我们的基因与生活实践中。“恶有恶报、善有善报”是公平的正义观念的朴素表达。如果这种公平的正义观念得不到满足，会导致：(1)被害人的愤恨以及一般民众的义愤得不到平复，给他们带来严重的心理伤害；(2)被害人与一般民众对法律的尊重与信任将大打折扣；(3)被害人可能会寻求私刑，一般民众则可能会效仿犯罪行为。有人可能会说，公平的正义观只是野蛮的报复情感的遗迹，是一种伪装。我们要说的是，不管是不是野蛮的报复情感的遗迹，它真实地存在。既然它是事实，就不得不考虑不满足它的后果。这种公平的正义观的存在，要求刑罚予以回应。

张明楷教授认为，在某些特殊情况下，需要考虑报应的积极方面，但是认为报应的积极方面只起到最低限度的限制作用，以防止出现刑罚的轻缓化超过社会公众的容忍限度。对于这一点我们的回答是，公平的正义观不仅有最小限度的要求，也有强烈地要求达到公平正义的渴望。因此，报应的作用不仅是防止出现刑罚的轻缓化超过社会公众的容忍限度，而且也应该是防止出现个案中的具体刑罚达不到民众对公平正义的强烈要求。换句话说，在有些情况下，对公平的正义观的关注可能应当强于对人道主义的关注。

---

① 《杜威全集》(中期著作第 14 卷)，罗跃军译，华东师范大学出版社 2012 年版，第 15 页。

四、一般预防与特殊预防应并重

一般预防与特殊预防对于社会生活利益的保护都是可以理解的,事实上,从社会生活利益保护的目的来看,这两个途径的利益保护并无互相排斥的关系,甚至有其互补的意义。简言之,行为人透过犯罪行为所表现出来的危险性,提供了特殊预防的必要性,另外,除了再犯率特别高的犯罪类型如盗窃、抢劫等以外,其他犯罪类型的初犯的普遍性,也提供了一般预防的必要性。因此,特殊预防与一般预防都有其存在的意义,并且我们也无法精确地说,二者之间的刑事政策上的考量的比例应该是多少。① 并合论强调在立法中侧重于一般预防完全不考虑特殊预防,而在司法中以个案优先原则,一味强调特殊预防优先,这都是不正确的。不管适用的范围如何,一旦只强调一个方面,必然会对另一方面造成损害。在司法中,个案固然重要,但是也不能不考虑系统性后果。换句话说,不能仅考虑对犯罪人的特殊预防的问题,还要考虑对一般民众的一般预防问题。立法中同样如此,特殊预防也应有一席之地。

对此,曲新久教授的观点是可取的:"一般来说,在刑事立法阶段,应侧重于一般预防,因为立法总是针对一般事项和一般人的。但是,又不能绝对。例如,就法定刑种类与幅度的设定而言,立法者应当重视一般预防的需要,而对各种量刑情节的规则则要一般预防与特别预防并重;在规定各种量刑情节时,对于犯罪情节应当侧重于一般预防的需要,而对于犯罪人个人情况方面的情节则应侧重于特别预防的需要。在刑事审判中,特别预防与一般预防应

① 黄荣坚:《基础刑法学》(上),中国人民大学出版社 2009 年版,第 11 页。

当同时并重,但是又需要根据不同的案件情况有所侧重……总体来讲,我们在预防犯罪时,一般预防与特别预防应当同时并重,又有所侧重。”①

第三节 刑罚并合论的价值因素

“综合主义在当代西方刑法学者中被公认为刑罚目的构想的最佳方案。这种刑罚目的构想,主张用报应主义限制纯粹的目的主义或功利主义,在罪刑均衡的基础上谋求刑罚的功利或目的……吸收或采纳这种综合主义的刑罚目的构想,使刑罚目的由一元化向多元化发展,已成为世界各国刑事立法的主流和趋势。”②并合论虽然存在一些问题,但是思考的大方向是正确的,即必须综合考虑刑罚的各种理由,正视不同理由间存在的冲突与矛盾。

一、报应与预防的独立性

并合论承认报应、一般预防与特殊预防之间的相对独立性,不存在谁依附谁、谁从属于谁的关系。因此,在刑罚正当性根据的思考中需要综合考虑。一般预防与特殊预防之间相互独立基本没有什么疑义。一般预防以防止一般人犯罪为旨趣,特殊预防以防止犯罪者本人再犯为内容。一般预防的作用机制是外在威慑,即通过刑罚的外在规定,使得社会潜在的犯罪人不敢贸然实施犯罪行为,从而减少犯罪,维护社会安全,而不管社会潜在的犯罪人是受

---

① 曲新久:《刑法的精神与范畴》,中国政法大学出版社2003年版,第328页。

② 高铭暄、马克昌主编:《刑法学》,北京大学出版社2010年版,第242页。

到了行刑场面的恐怖的震慑(早期“行刑威慑论”)、心理强制的威吓(费尔巴哈的“心理强制说”),还是通过刑罚之苦和犯罪之利的精确计算(边沁的“功利主义”)而不去进行犯罪。与此不同,特别预防的作用机制主要则是依靠内在的改造的方式,即把刑罚看作一种强制矫正,通过对已经犯罪的人从主观认识上进行教育和从心理精神上进行治疗,使得其内在的扭曲意识得以回归正常、被破坏的精神状态通过治疗恢复健康、消除犯罪人的人身危险性,不致再危害社会,从而预防了犯罪的再发生。只有极少数无法教育改造的犯罪人才使其继续与社会强制隔离,剥夺其再犯能力,防止犯罪的发生。外在威慑与内在改造,造就了一般预防和特别预防最主要的区别,正如哈格所说:“矫正(特别预防)影响罪犯的内在意愿,而威慑(主要是一般预防)并不影响可能犯罪的意愿,只是使得这意愿因受到威慑而不敢表达出来。”①

但是,有一种观点认为报应不具有独立性,完全从属于犯罪预防。这种观点给出的理由是:报应即正义,而正义从属于功利。该观点认为,“所有的价值都有一个功利主义的基础”。② 功利主义并不排斥正义和道德规则,只不过功利主义主张正义和道德规则来源于功利考量、服务于功利目的。“功利主义并不是与我们不应当撒谎、不应当侵犯他人的权利、不应当不守诺言的思想不一致,恰恰是功利主义解释了为什么我们应当不做那些事情。”③这是因为,

---

① 转引自李川:《刑罚目的理论的反思与重构》,山东大学2007年博士学位论文。

② [美]雷切尔斯:《道德的理由》,杨宗元译,中国人民大学出版社2005年版,第113页。

③ [美]雷切尔斯:《道德的理由》,杨宗元译,中国人民大学出版社2005年版,第113页。

如果没有功利主义的解释，这些道德规则会显得格外神秘和难以理解。所谓正义及道德规则，它存在的价值就在于如果遵守它，就会使每一个遵守它的人都生活得比不遵守它的人更好。比如不侵害他人、不违背诺言等，如果每一个人都遵守它，每一个人就会比在社会成员之间互相侵害、互相违背诺言的状态下生活得更好。正义和道德规则的意义就在于此。

笔者认为，这种观点存在三个错误：第一，还原论错误。正义原则应该是源于功利目的，正义原则也应该有助于实现功利目的。但是，这种观点没有排除这一事实，即在许多情况下，正义概念是独立于功利概念的。当一个母亲说“这是对的，你应该这样做”时，人们希望这种行为的执行有助于某种功利性的善。但是，作为一个观念，正义原则引入了一种远在善的概念之外的因素。这种因素是强要、要求。直接的道路意味着笔直的、最好的路线；但是，它也标志着控制的和有序的路线。功利的善是吸引人的东西；正义原则则是那些断言，我们应该受到哪个目标的吸引而不管是否自然地受到它的吸引。① 第二，偷换概念。上述观点以正义原则可以让人生活得更好，来证明正义原则从属于功利。这实际上是将良好生活等同为功利。然而，功利主义所说的功利主要是指利益、幸福或快乐，功利主义原则是幸福最大化原则。而良好生活至少应当包括公平正义、权利。没有谁认为像猪一样幸福生活就是好的生活，确切地说，是像“猪坚强”一样幸福生活，因为其他的猪基本上是要被杀了吃肉的。“我们的确关心社会的总福利，但同时也必须关心哪些人获得了福利，以及他们怎么获得了这些福利。除了

---

① 《杜威全集》（晚期著作第 7 卷），魏洪钟、蔡文清译，华东师范大学出版社 2015 年版，第 172～173 页。

最大幸福之外，至少还必须引进权利、合理性、合法性等。”[①]第三，以一般证明具体。正义与功利的善相关，不独立于功利，[②]不能由此推出报应正义从属于预防犯罪。正义不独立于功利，这是从一般、抽象的意义上说的。而具体的正义，如报应正义，不是基于一个具体的功利的善如预防犯罪产生的，而是基于诸多具体的功利的善产生的。说报应正义不独立于这些诸多具体的功利的善是可以的，但是不能说报应正义不独立于预防犯罪。

那么预防论是否从属于报应论呢？预防犯罪是否可以看作报应的附带作用？这显然是行不通的。报应要求刑罚与犯罪之间有一种对称性的相当，刑罚的量取决于犯罪的危害程度。而要达到预防犯罪的效果，则要求犯罪要与预防犯罪的需要相适应。同样的犯罪，报应刑与预防刑是不同的。如果按照报应的要求适用刑罚，那么或者达不到预防犯罪的效果，或者没有预防犯罪的效果。因此，即使承认报应刑有预防犯罪的作用，但是也达不到目的所要求的那样的预防犯罪效果。

并合论之所以要对报应论与预防论进行并合，而不是将报应论并入预防论或者是将预防论并入报应论，原因就在于二者之间相互独立，其中一方不可能完全纳入另一方之中。

二、综合考虑报应与预防

报应论、一般预防论与特殊预防论不仅相互独立，而且皆有不足，具有片面性。因此，并合论主张将报应论与一般预防论、特殊

---

① 陈嘉映：《何为良好生活》，上海文艺出版社 2015 年版，第 33 页。

② ［美］迈克尔·J. 桑德尔：《自由主义与正义的局限》，万俊人等译，译林出版社 2011 年版，第 3 页。

预防论加以并合，成为一种新的理论。问题是如何进行综合考虑？并合论反对将报应论、一般预防论和特殊预防论“简单相加式的综合理论”。这种理论认为，报应、一般预防和特殊预防并存并立，应当同时加以追求的刑罚目的。不过，从根据上说，这里的报应具有绝对的主导的功能。“……决定性的是……处于第一位的赎罪需要，刑罚的报应目的，以及可能还存在的威慑的目的。与之相比，其他的刑罚目的，矫正和保障的目的退到次要的地位上。”①并合论认为，这种简单相加式的理论并没有排除各种不同的单独理论的缺点，而是将这些缺点聚集在一起，并且还会导致在不同刑罚目标间没有立场的来回摇摆，从而使作为社会满足手段的刑罚不可能具有统一的方案。并合论所主张的是一种辩证的综合理论，即通过一种相互交叉的方案，使报应论与预防论相互补充相互限制，进而实现报应论与预防论之间的优势互补、弊害相克。②

笔者认为，并合论主张的这种辩证的综合理论方向是正确的。报应论、一般预防论和特殊预防论各有优点也有缺点，如果只是简单的相加，既保留了它们的优点，也保留了它们的缺点。尤其是将报应论置于主导地位，保留下来的缺点远多于优点。因为从我们的分析来看，报应论的积极立场价值有限，且排斥预防犯罪的目的，使刑罚预防犯罪的功能无从实现。并合论通过辩证综合的方式，使报应论与功利论相互补充相互限制，确实要比简单相加的方式要好。不过，并合论的方案并没有实现报应论与预防论之间的优势互补，而只实现了弊害相克。如果不是并合论设计得不够精

---

① ［德］克劳斯·罗克辛：《德国刑法学总论》（第1卷），王世洲译，法律出版社2005年版，第44页。

② ［德］克劳斯·罗克辛：《德国刑法学总论》（第1卷），王世洲译，法律出版社2005年版，第45页。

巧，就是它选择的路径存在问题。不管怎么说，并合论都不是理论研究的终点，反而可以作为反思的起点，以寻找更好的路径，进而设计出更好的方案。

第六章 刑罚并合论之超越

并合论在赢得了众多赞誉的同时,也受到不少的批评。如雅科布斯就认为并合论以责任(报应)限制预防犯罪的追求,将导致预防犯罪目的落空。何秉松教授认为,并合论未能做到报应论与目的论的真正统一。基于对并合论缺点与弊端的认识,一些学者寻求新的途径,试图实现对并合论的超越。其中,具有代表性的是雅科布斯的规范维护论和何秉松教授的人权防卫论。但是,他们选择的途径与设计的方案似乎并没有达到预期的目的,即没有实现对并合论的超越。

第一节 规范维护论对并合论的超越

雅科布斯看到了并合论的症结所在,预防犯罪受到报应即责任原则的限制,而责任原则有自己的标准,结果是导致预防犯罪的目的无法实现。这与现实的情况相悖。在现实中,国家通过对犯罪人适用刑罚实现了预防犯罪的目的,维护了社会秩序。因此,并合论不仅不是一个好的规范性理论,而且也不是一个好的描述理论。雅科布斯找到了一条形式化的道路,试图实现对并合论的超越,提出了规范维护论。

一、规范维护论的要旨与方案

所谓形式化,就是不考虑规范的实质内容而仅考虑规范本身。雅科布斯主张的规范维护论恰是如此,其旨在维护规范的效用,只关心规范存在本身的重要性,而不考虑规范的内容是什么。

(一)规范维护论的要旨

雅科布斯放弃了刑事政策的构想,而将刑法的目标建立在纯粹规范化的体系性理论原理之上,换言之,即规范都有哪些内容。[①]在雅科布斯看来,刑法的目的或者说是机能即刑法所要达到的效果是对规范同一性的保障、对宪法和社会的保障。这里所言的社会与——继笛卡尔之后——从霍布斯至康德的以个人的意识为基点的哲学中所指的社会不同,不是由缔结契约、产生绝对命令或者类似东西的主张所组成的系统。而是一个交往联系的构造,这种交往也遵循着自身的规则。因此不能定位于个人的对应物、而要在定位于共同体、把国家视为古典欧洲的亚里士多德的理论那里寻找答案。[②] 在雅科布斯看来,主体不是先在的主体,而是社会的产物。"确切地说,只有在交往意义的背景下,才出现主体的意义。这并不是说社会作为一种完成的东西立在主体之前,但是,相反的情形也是应被排除的。换句话说,主体性不仅是社会性的前提,而且是社会性的结果;没有互相联系的客观世界,就没有主体性,反

---

① [德]克劳斯·罗克辛:《刑事政策与刑法体系》,蔡桂生译,中国人民大学出版社 2011 年版,第 83 页。

② [德]雅科布斯:《行为　责任　刑法——机能性描述》,冯军译,中国政法大学出版社 1997 年版,第 102 页。

之亦然。”[①]由此，维护社会的稳定或同一性就具有了独立的甚至优先于主体的地位。而维护社会的同一性是通过规范实现的，社会的同一性和稳定性都是通过形式的规范来决定。

规范必须被遵守，社会才能稳定的存在。问题是，除了部分规范建造合理的世界，在这个世界中进行着现代一般能联系的交往，它不需要任何特别的稳定；还有另一部分社会构造性规范缺乏这种自我稳定的先天力量，它们是所有根据社会的理解没有被作为先天的东西加以描述的规范。“当因为规范被损伤而认真地采取一个程序时，刑法完全在交往的层面支撑被搅乱的规范有效性，并且，这同时意味着，因此而显现社会的不变的同一性。”[②]刑罚的功效在于，从另一方面与具有同一样的社会规范的对抗相对抗。刑罚确证了社会的同一性，也就是说，犯罪既不能视为一种进化的开始，也不能被归结为一种认识上就能消除的结果，而是应该被视为一种有缺陷的交往，并且，这种缺陷要作为其罪责归于行为人，换句话说，社会坚持这些规范，并且拒绝自己被重新理解。根据这种认识，刑罚不只是一种维持社会同一性的工具，而已经是这种维持本身。刑罚意味着自我确认。[③]

(二)规范维护论的方案

并合论的问题在于：“认为责任与预防是两个不同的范畴，它

---

① [德]雅科布斯：《行为　责任　刑法——机能性描述》，冯军译，中国政法大学出版社1997年版，第113～114页。

② [德]雅科布斯：《行为　责任　刑法——机能性描述》，冯军译，中国政法大学出版社1997年版，第104页。

③ [德]雅科布斯：《行为　责任　刑法——机能性描述》，冯军译，中国政法大学出版社1997年版，第102页以下。

们具有本质的区别，并且，把预防必要性理解为事实上的犯罪可能性。但是，既然认为责任与预防‘是有实质区别的’，那么，又怎么能够把它们综合起来呢？既然认为一般预防与特别预防可能存在对立，那么，又怎么能够在它们相互对立时进行折中而又不造成其中一个的牺牲呢？”“无论展开多么精巧的思维游戏，综合刑论中的折中说都会存在破绽，就像一个人总是在暗地里害了别人之后却当面对被害人说他如何帮助了被害人，这个人的话中就总是会显现出漏洞一样。”[①]正如我们在前一章的分析中指出，并合论只是实现了弊害相克，但未能实现优势互补。规范维护论的方案似乎化解了这一矛盾。

其一，责任与预防统一于规范的维护。规范维护论主张功能责任论，认为责任既然是要赋予犯罪人以刑罚，责任只能由刑罚的目的即维护规范与社会的稳定或同一性而引出，而不是什么主体的自由意志，因为主体性也是由社会性的交往构造所建构的。根据社会的机能的立场，刑法只保证一点，即与认为规范是无效的（通过法治国的程序所证明的）意义表达相对抗。如果人们把这种立场表述为期待，那么结果就是在期待不存在特别的刑法上的责任，积极地说，即在期待具有足够的法的忠诚，更确切地说在期待为实现足够的法的忠诚而履行其义务。[②] 也就是说，责任的判断只能根据刑法的目的相互关联来回答，规范的目的在于期待市民具有足够的法的忠诚，更确切地说，在期待为实现足够的法的忠诚而履行其义务。一个刑法保障其维持的角色，是那些忠诚于法的市

---

① 冯军：《刑法中的责任原则——兼与张明楷教授商榷》，载《中外法学》2012年第1期。

② ［德］雅科布斯：《行为 责任 刑法——机能性描述》，冯军译，中国政法大学出版社1997年版，第131～132页。

民,即法律上的人格体的角色。而责任概念的内容就要根据规范的相互关联来决定,即要根据具体的社会结构来决定,并且,无论如何不是根据各种心理事实的相互关联来决定。根据相互关联,就可能对各种同样的事实做出完全不同的评价,因为不是结果的产生本身构成对社会的干扰,而是触犯规范构成对社会的干扰,对这种触犯规范而构成对社会干扰的判断是一个规范上推定的过程,而不是一个通过自然的、生物学、物理学,甚至是心理学的判断流程。在此,雅科布斯如同其他刑法学者,对责任的判断不是简单地根据行为人的心理事实,而是要付诸于规范的评价,从而建立了不同于心理责任论的规范责任论。① 因此,归责的重点不在于认识不法和认识结果这种心理事实,而在于不具备有支配性的避免动机——避免法益受害的动机,这反映出行为人欠缺遵守规范的意愿,也就是欠缺对法律的忠诚。②

从雅科布斯的功能责任论来看,责任与预防具有共同的本质,它们都是由行为人是否忠诚于法规范、在何种程度上忠诚于法规范所决定的。责任和预防只是同一个事物的不同侧面。行为人曾经是否忠诚于法规范是责任问题,行为人将来是否忠诚于法规范还是责任问题,但是,行为人是否忠诚于法规范也决定了行为人将来是否犯罪,还会影响一般公众今后对法规范的态度,因此,也是预防问题。③

---

① 吴情树:《京特·雅科布斯的刑法思想介评》,载《刑法论丛》2010 年第 1 卷,法律出版社 2010 年版。

② 许玉秀:《当代刑法理论之发展》,载王兆鹏主编:《当代刑法学之理论与发展——蔡墩铭教授荣退感念专辑》,学林文化事业有限公司 2002 年版,第 14 页。

③ 冯军:《刑法中的责任原则——兼与张明楷教授商榷》,载《中外法学》2012 年第 1 期。

其二,一般预防与特殊预防统一于规范的维护。既然责任与预防可以统一于规范的维护,那么一般预防与特殊预防更可以统一于规范的维护。因为,一般预防与特殊预防原来就属于预防的范畴。规范维护论者认为,只要以规范的有效性、以法忠诚为标准来确定一般预防和特殊预防的必要性,那么,一般预防和特殊预防的必要性就是责任的内容。一个忠诚于法规范的人,就既无特殊预防的必要性,也无一般预防的必要性。对法规范的承认程度、忠诚程度,就表明了一般预防和特殊预防的必要性大小。但是,那些与对法规范的忠诚无关的、纯粹事实上的因素,例如,行为人身受重伤,既不能确实判断它对一般预防和特殊预防的影响大小,也可能因为考虑它而使刑罚与责任相抵触,将它们作为量刑因素加以考虑,就可能违反责任主义。①

二、规范维护论方案之批判

雅科布斯的形式化方案表面上看,好像解决了报应与预防以及一般预防与特殊预防之间的矛盾冲突,但是,深入分析就会发现,形式化的方案没有真正解决问题,而是回避了问题。理由有以下三点:

(一)刑罚的正当性蜕变为合法性

报应论和预防论以及并合论都是关于刑罚正当性根据的理论,旨在解决刑罚正当性问题。规范维护论却放弃了这一问题,而将刑罚正当性问题转化为合法性问题。

① 冯军:《刑法中的责任原则——兼与张明楷教授商榷》,载《中外法学》2012年第1期。

雅科布斯把维护社会规范的稳定作为刑法的最高目标,刑罚发动的正当性就是看刑罚是否有助于实现维护法律规范稳定这个目的。至于预防犯罪、保障人权不过是维护法律规范稳定的副产品。因为在雅科布斯看来,只有法律规范具有现实的意义,至于法律规范如何调和预防犯罪和保障人权等价值目标只能是政治问题,而不是法律规范本身的问题。法律规范一经确定就具有了权威。从这个角度来看,雅科布斯是法律实证主义者。这种对待法律的态度可称为自治性的法律观。“它强调法律的稳定性对自由社会的贡献是如何如何重大,强调权威体系和公民义务体系是多么多么不稳定。这种观点把法律看作为社会秩序必不可少的组成部分;虽然其他控制渊源是重要的,但是不可能依靠它们使社会免于恣意、非理性、恐吓或更糟的东西。只有在设定的权威得到高度尊重的地方,人们才能体验到他们进行真正的自由选择所需要的那种安全感。公民服从法律的义务与保持官方对实在法不折不扣的忠诚正相对应。各种权利要求必须通过既定的渠道加以申辩,而不管这些渠道可能多么有缺陷。法律的变更要通过政治程序来实现,而不应通过法律机构响应党派要求行使自由裁量权去达到。法律和政治应该严格分离,法律的缺陷必须坚定地加以克服。”①

但是雅科布斯这种自治性的法律观存在深层次的矛盾。在立法上,矛盾以自由的形式保障和实质保障的对立的方式出现。从形式保障方面说,立法的目的是通过制定中立性的规则,使每个人都可以不受他人意志约束地实现自己的愿望。但问题是在规则具体化的过程中,有损于中立性的价值抉择根本无法回避。另外,在

---

① [美]P. 诺内特、[美]P. 塞尔兹尼克:《转变中的法律与社会:迈向回应型法》,张志铭译,中国政法大学出版社2004年版,第6页。

司法上,矛盾以形式正义和实质正义的对立的方式出现。前者强调严格遵守法律条文,后者强调为了正确地适用法律有必要考虑一定目的。但是,考虑目的意味着进行价值判断,而自治性的法律观不承认判断一定欲望和意愿的善恶的标准。这种自治性的法律观掩盖了社会矛盾,它是现代阶层制的一种正统化装置。① 雅科布斯倒是未谈到立法的问题,他认为那是政治问题。但是,立法问题也不可能从中立性的角度来理解,法律是要在司法中被应用的。如果司法中必须考虑实质的价值问题,那么立法中也必须考虑。而司法中不可能不考虑价值问题。司法中,法律的权威也不仅仅取决于司法的形式合法性,还取决于司法的实质正当性。如果司法不具有实质正当性,就不能获得大众的承认与尊重,那么必然会削减法律的权威性,也就谈不上"对法律的忠诚"。雅科布斯以维护法律自身为目标,而不考虑实质价值目标,反而会损害维护法律自身的目标,这难道不是自相矛盾吗?

(二)导致人的工具性

并合论之所以坚持报应即责任原则限制预防,主要是为了保障个人尊严与权利以免受国家权力的侵犯。但是,雅科布斯的方案却放弃了责任原则,导致人的工具性。规范维护论所主张的功能责任论,表面上还坚持责任原则,但是其内容已经发生了实质性的改变。责任不再取决于人是否自主,而取决于规范维护的必要性。作为主体的人在功能责任论中没有地位。

不过公允地说,雅科布斯的方案并不必然导致人的工具性。

---

① 季卫东:《法治秩序的建构》,中国政法大学出版社 1999 年版,第 320～321 页。

因为雅科布斯是不关心规范的内容,而不是主张否定人的主体性的规范内容。这个方案没有说明什么东西应该是法律规范所追求的;它只是从把自己保存作为每个系统的形式的主要目标来定义法律规范的。“撇开人性系统中重要的不仅仅是自我保存这一事实不说,自我保存可以有许多等效的解决方式,从正义性观点来看,重要的是要知道哪些解决办法是属于个别性的,哪些是集体性的,特别是要知道,哪些解决办法是公共受益的。若在系统理论的框架内寻找正义原则,那么,正义原则就不在相应的完整性的把握中,而是在一种附加的选择原则中,更确切地说,是在这样的原则中:它在相应的完整性内部,因而是具有保存能力的系统内部,将正义的、即公共利益的解决方式同只是集体的、甚至可以个别受益的解决方式区别开来。”①从这个角度来说,雅科布斯的方案是实证性的、技术性的,而忽略了实质的人权等正义性问题。因此,它是不健全的。这种不健全确实导致了人的工具性的危险。只有将人权等正义性内容作为法律的要求才会减少实证性危险。“虽然现代法和宪法的发展道路曲折迂回,一会儿是实证性的自由规定占上风,一会儿是对它们的限制处于优先地位。但系统地看只有当实证性的道德——规范同时限制时,实证法的放开才是合法的。所以,把主体权利主要理解成合法性条件,然后把它次要地和辅助性地理解成减少危险,这样才显得较为恰当。在这个意义上,根据对占统治地位的宪法之理解,基本权利便不是生来就有,而是被赋予或不被赋予的。在一种情况下认为法制度——原则上——是正

① [德]奥特弗利德·赫费:《政治的正义学——法和国家的批判哲学之基础》,庞学铨、李张林译,上海译文出版社1998年版,第156页。

义的，在另一种情况下则认为它完全是非正义的。”①

雅科布斯的方案之所以是不完整的，有导致人的工具性的危险，源于其所犯的逻辑上的错误，即以抽象的观念代替具体问题的分析。这个错误源自路(卢)曼的社会系统论。雅科布斯承认他的观点部分来自路曼：“最近路曼(Luhman)的系统论对社会系统和心理系统的区别作了最明确的描述，其中包括对法系统的推论，不过通常与刑法相距甚远。当然略知这种理论的人会很快注意到，我这里的阐述并没有一贯、甚至没有在主要的问题上遵循他的理论。”②但是在论证思路上，雅科布斯授受了路曼的研究进路。路曼认为法体系必须增强自身的完整性，最大限度地对现代社会条件做出反映。这种“合适的完整性”按照法内部功能的条件从内部尽可能为法反映和处理复杂的环境。但是这种“合适的完整性”原则忽视了这一点：这个原则既与法和国家关系的特殊性无关，也与作为道德评价的正义无关。因为，根据路曼的说法，合适的完整性原则，符合现代社会的各种子系统，因而并非法和国家系统所特有，而且，他无论在这里还是在其他系统理论的其他地方，都无力对付遗留的极其适当的概念类的危险。所以，一种普通的系统理论的基本思想，是用这么像合适的完整性那样形式的几乎是空洞的原则来表达，而不是用当时的子系统的特殊性来说明。③ 赫费对路曼的批评绝对可以适用于雅科布斯。雅科布斯也是从社会系统的机

---

① ［德］奥特弗利德·赫费：《政治的正义学——法和国家的批判哲学之基础》，庞学铨、李张林译，上海译文出版社1998年版，第157页。

② ［德］雅科布斯：《行为　责任　刑法——机能性描述》，冯军译，中国政法大学出版社1997年版，第102页。

③ ［德］奥特弗利德·赫费：《政治的正义学——法和国家的批判哲学之基础》，庞学铨、李张林译，上海译文出版社1998年版，第155～156页。

能性演绎出法系统的机能性，进而推论出刑法应当具有的功效。也就是说，刑法的功效不是从刑法本身的特殊性得出的，而是由系统机能性来说明的。这样的说明必然会忽略法律或刑法当中那些特殊的且是重要的内容与因素。

（三）认知性机能不能预防犯罪

雅科布斯认为，刑罚具有“认知性”机能，从而确证规范，引导人们的行为。他说：“为了认知性地保障规范的效力，需要施加痛苦。认知性地保障规范的效力，就是刑罚的目标，就像针对犯罪人之规范否定的反驳，乃是刑罚的意义一样。”“凭借于刑罚的执行，就可以不断地实现刑罚的目标，即：社会的样态是已被确定的。而个体—精神或者社会心理效应则会按照这个刑罚的目标进行自我的调整，比如威慑、法忠诚的训练和其他内容，都只是个体或社会的自我调整；对于刑罚的目标而言，这些调整并不是本质性的。”①从雅科布斯这种观点来看，确实如罗克辛所认为的那样，滑向了纯粹的法律报应思想。

然而，现实的情况是：认识到什么是应当做的事，什么是合乎规范的事，并没有为做此事提供任何动机。② 人们并不是认识到什么是对的，就去做“对”的事，也不是认识到什么是错的，就不去做“对”的事。只是作为规范确证的刑罚，并不能改变人们的信念与行为，起不到维护规范、避免犯罪的作用。如罗克辛所说：“在我看来，在雅科布斯的最新版本的刑罚目标的方案中，总还是留了一个

---

① 转引自［德］克劳斯·罗克辛：《刑事政策与刑法体系》，蔡桂生译，中国人民大学出版社2011年版，第89页。

② ［美］理查德·A. 波斯纳：《道德和法律理论的疑问》，苏力译，中国政法大学出版社2001年版，第7~8页。

没有解决的矛盾。这也便是:通过纯粹报应性地附加'刑罚痛苦',规范获得了'引导举止'的机能,从而犯罪也被避免了,但是这种观点是违反犯罪学上的所有认识的。"①报应与功利对人的信念与行为才是具有重要影响的。人们总是或者出于报应或者出于预防犯罪而支持刑罚。②

第二节　人权防卫论对并合论超越

与雅科布斯的形式化道路不同,何秉松教授提出了一种抽象化的方案,试图实现对并合论的超越。这里所说的抽象化,不是找到报应论与预防论之间的共同之处,而是找到一个高于报应与预防的价值目标,并且能够将二者纳入其中作为其次级目标。

一、人权防卫论的要旨与方案

首先需要说明的是,何秉松教授的人权防卫论不是为了超越并合论而提出的,而是有其更高远的追求。但是,人权防卫论必须能够超越并合论,否则很难实现其宏图伟业。为了本章研究的目的,我们不可能对人权防卫论进行详细介绍,而只能就其与研究主题相关的内容进行简介。

何秉松教授认为现代的刑法(理论)体系存在两个根本性缺陷:一是,"以社会为本"。几乎所有现代的刑法(理论)都把"防卫社会"作为其最高价值目标和终极目的。但是,所谓防卫社会,归

① ［德］克劳斯·罗克辛:《刑事政策与刑法体系》,蔡桂生译,中国人民大学出版社 2011 年版,第 90 页。

② 陈嘉映:《维特根斯坦读本》,世纪出版集团、上海人民出版社 2015 年版,第 154 页。

根结底，就是防卫统治阶级赖以存在的基础，就是防卫特定阶级的统治与利益。虽然它们也讲“人本主义”或人道主义，保护人权等，但是，这一切都必须从属于和服务于“防卫社会”这个最高的价值目标，不得抵触或违反。为了“防卫社会”，不惜牺牲人。二是，以阶级统治和阶级利益的争夺与维护为中心（用中国的典型表述，就是以阶级斗争为纲）或以国家（民族）的统治和利益的争夺与维护为中心，因而与西方自由主义主张的天赋人权、自由平等的理论发生冲突，从而其使传统刑罚理论长期陷入公平与歧视，适度与极端，暴虐与宽大，乃至于对人权的保护与践踏的（理论上与实践上的）内在矛盾与冲突之中。三种传统刑罚理论并存，只不过是这种内在矛盾与冲突不可调和在刑罚理论上的表现。①

何秉松教授从“人是目的”出发，提出人权防卫论。人权防卫论认为，刑罚的目的是防卫人权，而且是唯一目的。换句话说，防卫人权是刑罚的唯一正当性根据。防卫人权要求全面、平等地防卫人权，是对所有人权的防卫。人权防卫论把防卫人权确定为最高价值目标，这是最高的善。作为实现这个目标的手段的刑罚，它的适用，就必须受到这个最高价值目标的制约，也必须是善的，不能为了目的而不择手段。任何刑罚的滥用，包括极端的刑罚、无度的刑罚、酷刑和惩罚无辜在内，都是对人权的侵权，都是对“防卫人权”这个价值目标的严重违反，因而都是恶，而不是善。人权防卫论主张，刑罚必须是“目的善”与“手段善”的统一。要做到这一点，刑罚就必须坚持中庸的精神。刑罚坚持中庸精神，就能充分发挥其作为实现防卫人权最高价值目标的手段所必然具有的自我控

---

① 何秉松：《人权防卫论——对传统刑罚理论的反思与超越》，第二届全球论时代犯罪与刑法国际论坛宣读论文，2010 年 10 月。

制、自我约束的内在机制,做到适中、适度、公正,不偏不倚,无过不及。

(二)人权防卫论的方案

人权防卫论的方案包括两个方面:

第一,找到那个可以统一报应与预防的最高价值目标。按照人权防卫论的设想,必须有一个最高或最终的价值目标,这个价值目标可以将报应与预防纳入其中,从而实现二者在这个最高价值目标下的统一。而这个最高价值目标的实现是刑罚正当性的根据所在。换言之,只有实现这个最高价值目标的刑罚才是正当的刑罚。人权防卫论认为这个最高的价值目标就是防卫人权。报应与预防都可能被看成防卫人权的次级目标,服务于防卫人权。人权防卫论也承认报应论与预防论之间的对立与矛盾,但是它们既然统一于人权防卫目标之下,则它们的矛盾就属于内部矛盾,是可以调和的。

第二,人权防卫提出“中庸”精神,以中庸的方式调和报应与预防二者之间的矛盾。也就是说,正当性的刑罚应当是在报应和预防之间的平衡点上。以这一点为基准,向报应靠近一点,就会导致过于强调报应而忽视目的;向预防靠近一点,就会造成过于强调目的而忽视报应。

二、人权防卫论的批判

何秉松教授的抽象化方案,一手抓住最高价值目标,另一手抓住实现这一目标的手段,似乎可以解决报应与预防之间的矛盾问题,当然也就能解决一般预防与特殊预防之间的矛盾问题。但是,这个方案的手段过于抽象,只是提出了解决问题的一般化建议,没有多少实质性内容。

在何秉松教授的抽象化方案中，报应论所蕴含的保障犯罪人人权的价值、预防论所蕴含的保护潜在被害人即一般人（除了犯罪人）人权的价值都被纳入最高的价值目标即防卫人权之中。在语义层面上看，人权防卫论似乎是实现了报应论与预防论的统一，解决了二者之间的矛盾问题，超越了并合论。然而，在实质层面，报应论与预防论之间的矛盾与冲突却依然存在，例如，对一个实施了轻微犯罪但人身危险性很大的犯罪人，是应该处以轻刑还是重刑？人权防卫论也认识到，将报应论与功利论所追求的价值纳入防卫人权概念，并不能解决实际问题，转而强调"中庸精神"。

"中庸精神"反对极端化当然是正确的，"极端化"一词本身就含有不正确的意思。但是，"中庸精神"与其他普适道德候选原则一样，太抽象了，不能用于指导解决某个实质的道德争议。① 换句话说，强调"中庸精神"这一观点很好，但是它留下了没有解决的问题：在司法实践中法官如何才能做到"适中、适度、公正"地适用刑罚？人权防卫论对回答这一问题帮不上什么忙。

第三节　情境化方案

雅科布斯的形式化方案和何秉松教授的抽象化方案都未能实现对并合论的超越，这两种方案的失败不是偶然的，而有其必然性。因为它们与并合论，也包括报应论、一般预防论和特殊预防论，都犯了同样的错误。只有弄清楚这个错误，反其道而行之，才

---

① ［美］理查德·A. 波斯纳：《道德和法律理论的疑问》，苏力译，中国政法大学出版社2001年版，第21~22页。

能找到可行的途径超越并合论。

一、并合论失败的根源

打蛇要打七寸，看问题要看主要方面。主要问题清楚了，其他问题也就触类旁通了。并合论的核心观点是报应限制功利，其背后的理据是权利优先于功利。但是，如我们前一章所分析的，权利与功利之间不能抽象地进行排序，即不能脱离具体情境进行排序。然而，问题是为什么并合论要在权利与功利之间进行排序？为什么一定要在报应与预防之间区分个先后？动机是什么？

并合论之所以要在报应与预防之间区分个先后，背后的动机是对刑罚适用正当性的普适标准的追求。并合论对普适标准的追求与报应论、一般预防和特殊预防论是一脉相承的。并合论与报应论、一般预防和特殊预防论分享同一个前提观念，即为保证刑罚适用的正当性必须找到一个普适的标准，以防止个案适用刑罚的恣意与武断。报应论确立了一套刑罚适用标准，一般预防和特殊预防论也各自确立了一套刑罚适用标准，并且都宣称自己的标准是适用于所有个案的。并合论将报应论与预防论并合起来，也获得了一套刑罚适用的普遍标准，并认为自己的标准要优于报应论与预防论的标准。然而，有问题的是报应论、一般预防和特殊预防及并合论所共设的这个前提观念。这个观念是造成并合论失败的根源。

第一，个案情境千差万别，不可能找到一个刑罚适用的普遍标准。前一章中我们关于并合论的批判，已经表明意图通过对报应与预防的排序寻求刑罚适用的普遍标准的道路行不通。但是，这显然不够。如果寻求刑罚适用普遍标准是可能的，并合论的失败也许就是偶然的，那么通过其他方法寻求刑罚适用普遍标准的可能性就依然存在。如果能够证明寻求刑罚适用的普遍标准本身就是不可能的,那么就能够避免继续将时间浪费在这条不通的道路上。

实际上,所谓普适标准不过是基于一定的目的对已有经验的概括总结。① 虽然提出普适标准的人总是从一个不证自明的先验前提推论出其主张的普适标准,但是其实他不过是将其持有的主张用逻辑推论的方式表达出来。否则的话,那么多相互竞争的先验概念与命题,他为什么单单选择这一个而不选择那一个,或选择这一些而不选择那一些。"考诸实际,哲学家从来不是从自明之事推论出原不知晓的结论,他从来有所主张,并为他的主张提供论证。唯此,哲学家才是哲学家,而不是电脑。"②例如,波斯纳分析了哈特、德沃金和哈贝马斯的所谓普适的法学理论后得出结论:哈特描述的是英国法律,德沃金的理论比较符合美国法律运作,而哈贝马斯谈论的是德国的法律,没有任何一个具有其所宣称的普适性。③ 那么提出普适标准的主张从何而来? 只能是经验,是其所属的生活世界的经验。这种通过经验归纳、抽象所得到的一般化标准不可能普遍适用于所有情境,那些新出现、新颖的具体情境千差万别,形态各异,可能与以前经验的情境如此不同,以至于不能适用这些标准。

杜威在《哲学的改造》中对寻求普适标准的观念提出了严厉的批评。他认为,"独一最后和至上(不论它是善或是有权威的法则)

---

① [美]托德·莱肯:《造就道德——伦理学理论的实用主义重构》,陶秀璈等译,北京大学出版社 2010 年版,第 94 页。

② 陈嘉映:《说理》,华夏出版社 2011 年版,第 195 页。

③ [美]理查德·A. 波斯纳:《道德和法律理论的疑问》,苏力译,中国政法大学出版社 2001 年版,第 107 ~ 124 页。

的那个信念”,就是历史上已经衰亡的那个封建制度的理智的产物,是在自然科学上已消失的,以宇宙为有边际,有等级,而在它里面静是胜于动的那信念的一个理智的产物。①

第二,没有普适标准,并不意味着个案刑罚适用的恣意与武断。追求普适标准的一个重要原因就是担心,如果没有普适标准,个案刑罚适用可能出现恣意与武断的情况。虽然这种担心是出于善意,但不得不说这种担心是不必要的。没有普适标准的控制,个案的刑罚适用也不是恣意的和武断的。作为经验归纳总结的标准虽然不具有普适性,但是指导着个案刑罚的适用。标准或原则是对以前解决问题的行为判断方式所进行的经验总结,它们是探究的手段和假设,是将过去经验的净值用于研究分析现在新情境、新困惑的方法。没有标准或原则我们就会缺乏能够认识和分析具体情境的背景知识。② 正是在这些标准、原则的帮助下,使得个案刑罚的适用具有一定的可预期性、稳定性。在普适标准和个案恣意、武断适用刑罚之间,是存在第三条道路的,而非“非此即彼”。

二、情境论的要旨

并合论以及其他的各理论失败的根源是对普适标准的追求。要实现对并合论的超越,必须反其道而行之,放弃对普适标准的追求,而将重心放在具体案件中对个别刑罚正当性的追求上。因此,笔者提出情境论,旨在实现对并合论的超越。情境论的要旨包括以下两个方面:

---

① [美]杜威:《哲学的改造》,许崇清译,商务印书馆1989年版,第97页。

② [美]拉里·希克曼主编:《阅读杜威——为后现代做的阐释》,徐陶等译,北京大学出版社2010年版,第119页。

第一,以个别刑罚正当性的判断为核心。并合论,也包括报应论和预防论,是以刑罚适用的普适标准为核心,试图为个别刑罚正当性判断提供确定的标准。我们提出的情境论则认为刑罚适用的普适标准是不存在的。没有任何一个原则、义务、目的或价值可以作为实践判断的普适标准。① 既然刑罚适用的普适标准不存在,就应该放弃对普适标准的寻求,转而专注于个别刑罚正当性的判断。诚如杜威所说:"道德生活就是这样的——哪些重要、哪些不重要是无法事先判断的,而且理论规则常常起到和遮眼罩几乎一样的作用。规则不论有多好,也不是普遍可用的。每一个行动所实施的情境都有自己独特的条件。"②杜威所说的道德是宽泛意义的道德,适用于所有人类行为,③当然也适用于刑罚实践。杜威在《哲学的改造》"对道德观念的改造"的论述中指出:"这个理智的改造要应用到道德的社会的范围去,是否就要我们更进一步去信受那些变化、运动、个别化的善和目的的多样性,去信受那些原理、标准、法则就是分析个别的或单独的情境的知的工具。断定各个道德的情境是一个独一无二而有其不能交换的善性的,似乎太笨而且荒谬。何则,已定的传统教导我们,正因为特殊事件的参差不齐所以行为必须由普遍的原理指导,并且道德的本质在于自愿用一种固定的原理审定每个特殊事件。从而以普遍的目的和法则隶属于具体的情境,必然会引起混乱和无限的放纵。但我们还要依照实用主义规则,根据观念的结果决定观念的意义。具体情境的独一的

---

① [美]杜威:《哲学的改造》,许崇清译,商务印书馆 1989 年版,第 96 页。

② [美]拉里·希克曼主编:《阅读杜威——为后现代做的阐释》,徐陶等译,北京大学出版社 2010 年版,第 118 页。

③ 《杜威全集》(中期著作第 14 卷),罗跃军译,华东师范大学出版社 2012 年版,导言第 5 页。

和道德的终极性质的首要意义,是将道德的重量和负荷转移于智慧上去,这是令人惊奇的事。这并不是毁弃责任,只是勘定它的位置。道德的情境是在公然行为以前必须判断和选择的一个情境。这个情境的实际意义——就是说要来满足它的那个行动——不是自然明白的,是要寻找的。有互相反对的欲望,也有不能两全的善行。所需要的是去找出行动的正路和正善。"①

第二,将报应论与预防论作为分析个别刑罚适用的具体情境的工具。报应论与预防论的错误不在于其提出了适用刑罚的目的和需要遵循的原则,而在于它们将这些目的和原则当作普适的标准,从而禁锢了刑罚实践。正因如此,报应论与预防论既有真理的一面,也有谬误的一面。

预防论,包括一般预防论和特殊预防论,背后的理念是目的论。目的论是这样一种观念,认为在行动之外存在某个先在的、固定的目的,而这个目的是值得追求的,因此行动是否正当取决于这个目的是否被达到。然而,事实上,目的是源于自然的结果或后果,而这些结果或后果就任何目的而言,在最初时只是无意中遇到的和偶然碰到的。人们喜欢一些后果,而不喜欢另一些后果。从那以后(或直到吸引与排斥发生改变之时),达到或避免类似的后果就成为目标或目的。这些后果处于思虑中时,便构成了一种行动的意义与价值。这个事实表明,目的是被预见到的后果,出现在活动的过程之中;而且被用来给活动增添意义,并指引行动进一步发展的路线。② 没有这些目的的指引行为将是盲目的。预防犯罪

---

① [美]杜威:《哲学的改造》,许崇清译,商务印书馆 1989 年版,第 97~98 页。

② 《杜威全集》(中期著作第 14 卷),罗跃军译,华东师范大学出版社 2012 年版,第 137 页。

的目的也是这样产生的，其意义也在于此。刚开始时，人们受到侵害出于本能地进行反击和报复，它们是没有目标的，只是情绪的发泄，是盲目的。后来，人们逐渐发现惩罚那些侵害他们的人可以达到预防犯罪的后果，于是将预防犯罪作为惩罚的目标，使惩罚得到了指引，有了方向，而不是盲动。但是需要注意的是，这些源于行动经验的目标只是我们思虑中的目标，即我们认为这类行动应当追求这些目标，而实际情况可能是当前行动的最重要的后果没有被我们发现，没有成为行动的目标。如此一来，受我们思想中的目标指引的行动，错失了更值得我们追求的后果，可能导致严重的危害后果。就如同对预防犯罪的执着追求，可能对个人的尊严与权利造成严重的损害。因此，杜威才会说："把目的树立为完整的和唯一的，并要求和证明行为作为目的本身的一种手段，会导致狭隘；在极端的情况下，甚至会导致狂热、鲁莽、自大和虚伪。"①

报应论背后的理念是义务论。义务论是这样一种观念，认为在人类实践活动之外存在先验的道德原则或法则，只有严格遵循道德原则而做出的行动才是正当的。但是，我们在本书的第一章分析中已经指出，根本不存在这种先验的道德原则。所谓先验的道德原则其实不是先验的，而是经验的产物，它与目的具有共同的本性。目的是实践中形成的思虑的目标，原则是实践中形成的常规做法与习惯。应当承认"原则是存在的，因为经验存在一定的稳定性。情境是独特的，但它们也有相似的方面。这就使得经验可以进行理性积累，即总结概括。原则提出了某种特定环境下需要满足的一般条件和关系，因此从这个意义上讲，原则是'普遍的'道

① 《杜威全集》(中期著作第14卷)，罗跃军译，华东师范大学出版社2012年版，第138页。

德观点。它们是恒常的有效性之普遍准则，但它们的有效性最终还是依赖于它们对某个情境的适用性：它们本身并不具备任何规范力。”①一旦以固定的原则机械地决定如何行动，而对这些原则不采取反思的态度，那么这些原则将成为道德实践的障碍。“这不仅是因为人类的心灵尚未掌握所有的真理，而且因为生活是一种不断变化的事物，而原来的道德真理在这一生活中不再适用。”②报应原则也是这样产生的，也具有道德原则所具有的局限性。我们关于报应论的批判已经表明了这一点。

我们指出目的与原则的局限性并不是要否定它们，而是对它们的地位与功能进行重新定位。目的与原则都是经验的产物，是实践经验的概括和总结，可以作为分析具体情境的工具指导实践。同理，预防论和报应论也是刑罚实践经验的概括和总结，也可以作为分析个别刑罚适用的具体情境的工具，指导刑罚实践。与我们提出的观点不同，并合论不是将报应论与预防论当成指导个别适用的工具，而是依然将它们作为刑罚适用的标准来看待，只不过将原来的两个（或者说是三个）标准切削、整合成一个标准。这就是为什么并合论总给人一种机械并合——虽然它自己宣称是辩证的并合——的感觉。

三、情境论的方案

情境论的提出旨在实现对并合论的超越。

首先，情境论认为报应与预防统一于刑罚实践经验之中。通

---

① ［美］拉里·希克曼主编：《阅读杜威——为后现代做的阐释》，徐陶等译，北京大学出版社 2010 年版，第 119 页。

② 《杜威全集》（中期著作第 14 卷），罗跃军译，华东师范大学出版社 2012 年版，第 145 页。

常的观点,包括并合论的观点,认为司法者在个案中选择适用刑罚时,先是分别考虑报应即责任和预防(包括一般预防和特殊预防),然后再综合考虑如何适用刑罚。但实际情况不是这样的,司法者不是先分别考虑报应和预防,而是一开始就对个别刑罚的适用有了一个大致的判断。司法者作出这个判断所依据的是其以往的司法经验。而在司法者以往的司法经验中,既有报应的成分也有预防的成分,它们交杂在一起,你中有我,我中有你,已经不可分离。它不是像水和油的混合物,而是像水和糖的溶液。司法者根据个别刑罚适用的具体情境调整报应和预防的比例和权重。司法者所遵循的"不是单单一方面的规范,而是一组相互渗透相互联系的规范"①。这种规范是经过足够的观察后而分辨的反应模式。这是司法者经过长期司法实践不断总结和改进而形成的经验和能力。司法者的这种经验和能力足以应付大多数普通的案件,正确地选择和适用刑罚。在这种情况下,不需要也不可能去分析其中的报应占多大比例,预防占多大比例。它们就是这样和谐地统一于司法者的司法经验中。

有人可能提出质疑,认为司法者的经验是主观的,不具有客观性。我们的回答是,司法者的经验不仅是个人的,而且也是与其他人共享的。没有哪一个司法者的经验是他自己想出来的,他是通过学习、交流、讨论、争辩、反馈等方式形成的。在这一过程中,不仅有他自己的理想、信念、偏好、世界观、人生观、价值观、性格、习惯等在起作用,而且还有来自他人的判断、评价、赞扬、批评等方面也在起作用。即使是司法者本人的理想、信念等,也是在与他人共

① [美]托德·莱肯:《造就道德——伦理学理论的实用主义重构》,陶秀璈等译,北京大学出版社2010年版,第106页。

同生活中形成的。从这个意义上说,司法者的经验是客观的。

需要多说一句,笔者认为,所谓的基准刑既不是报应即责任所确定的,更不是预防需要所确定的,而是这种混合了报应与预防的一般司法经验所确定的。基准刑既可以说是“点”,也可以说是“幅”。从个别刑罚适用的角度看,它就是点;而将个别刑罚连起来看,它就是幅。

其次,在一些疑难案件中,依据司法经验对个别刑罚的适用出现疑虑时,可以利用报应论与预防论共同分析个别刑罚适用的具体情境,找到问题的关键所在。在普通、常规案件中,司法者的司法经验“自动”地调整好报应与预防之间的比例,而没有单独地考虑其中某一方面,甚至没有意识到报应与预防的概念。但是在疑难案件中,出现了疑虑,就需要探究这个疑难的情境到底是如何形成的,问题出在哪里。这时就需要借助报应论与预防论思想,从报应与预防两方面入手分析考察问题情境。例如,从报应论的积极方面看,是不是犯罪人的主观恶性大社会危害严重,引起司法者及民众强烈的反感和严厉惩罚的情绪,需要予以严厉的惩罚,从而和人道主义冲突。从一般预防论的角度看,是不是犯罪的危害严重且有很大的影响,需要严厉惩罚,而与责任原则相冲突。从特殊预防论的角度看,是不是犯罪人的人身危险性大,需要更长的刑期,而与责任原则冲突。又或者,一般预防的需要与特殊预防的需要发生冲突,等等。

总之,综合考虑报应论与预防论,才能全面地考察个别刑罚适用的具体情境,而不错过情境中存在的真正问题所在,进而明确情境中的问题到底是哪些需要慎重对待的理由或价值与其他的理由或价值发生了冲突,从而寻求解决的办法。在这个意义上说,报应论与预防论实现了统一。

最后,立足于具体情境,在发生矛盾的理由或价值之间进行权衡。情境论认为各种价值之间没有办法进行抽象的排序,人权重要,功利也重要,人道主义重要,公平的正义观也重要。这些价值不仅重要而且不可通约,没办法抽象地进行排序。即使出于一时的观念,抽象地对它们进行了排序,也不意味着在具体情境中,这个序列不会发生变化。因此,更好的办法是不对它们进行抽象的排序,而是在具体情境中对冲突的双方进行权衡。有人可能会说,权衡过于模糊,与中庸精神相差不多,没有实际作用。我们要说的是,有些事物可以精确,而有些事物就其本性来看就是模糊的。追求具有模糊本性事物的精确性,或者不会成功,浪费工夫,或者会有严重的缺陷,把复杂的事物肤浅地简单化。权衡可以当作一个分析框架,而非一个数学公式。它所表明的一个重要事情是,给予冲突双方中的任何一方较大的权重,都会影响到另一方。①

那么到底怎样进行权衡呢?依据是什么?在此,我们还是采纳实用主义的观点,即"把行动建立在事实和后果基础上而不是建立在概念论、一般性、虔诚和口号基础上的倾向"②,将实际后果作为判断行为是否正当的依据。"也许没有客观方法评估相互竞争的利益。但如果实用主义地将问题变一下,不是哪种竞争性利益更有价值,而是此案这样或那样的决定对每个利益会有什么后果,分析就更好把握了。如果一个结果涉及牺牲一个小得多的竞争性利益,那么除非这两种利益价值非常不同,否则的话,这个结果就

---

① [美]理查德·A. 波斯纳:《法律、实用主义与民主》,凌斌、李国庆译,中国政法大学出版社 2005 年版,第 346 页。

② [美]理查德·A. 波斯纳:《法律、实用主义与民主》,凌斌、李国庆译,中国政法大学出版社 2005 年版,导论第 7 页。

会有更好的结果。”[①]即使是非常不同的价值，此种方法也是适用的，只不过需要更复杂的转换程序。按照转换原理，看似不可比的不同事物仍然可以通过某种处理转换为可比的事物。所谓转换原理，就是根据事物之间的系统关系和逻辑关系，把某种测量对象转换到相关的事物上去，然后通过测量相关事物，间接地测量目标事物。[②] 事物之间的这种转换具有相当的普适性，没有什么事物是不可量化的。保障人权与预防犯罪具有实质性的差异。但是，经过长期的司法实践，人们大体上可以确信什么样的情况下，保障人权重要于预防犯罪；什么样的情况下，预防犯罪重要于保障人权以及大体上重要到什么程度。当然，量化不等于精确量化，要求所谓绝对精确本身就是不科学的。[③]

我们以报应即责任原则与报应之间的冲突来说明上述观点与方法。当责任原则与预防犯罪的需要发生矛盾时，我们不认为预防犯罪的需要必须受到责任原则的限制。任何事前确定的原则都不是一个普适的标准，而是一个待验证的假说。权衡二者有三个步骤：第一步，可以先依责任原则限制预防的假说，选择可能适用的刑罚。然后，设想适用这个刑罚会导致什么样的具体后果。第二步，以预防的需要选择可能适用的刑罚，然后设想适用这个刑罚会导致什么样的后果。第三步，将两组后果进行比较，选出那个相对来说整体后果更好的刑罚。需要提醒的是这种权衡的方

① [美]理查德·A. 波斯纳：《法官如何思考》，苏力译，北京大学出版社 2009 年版，第 221 页。

② 高隆昌：《社会度量学原理》，西南交通大学出版社 2000 年版，第 101 ~ 102 页。

③ 白建军：《犯罪轻生的量化分析》，载北京大学法学院编：《江流有声》，法律出版社 2004 年版，第 324 页。

法:(1)一定是在具体情境中展开,避免回到抽象权衡价值的老路;(2)不能把对具体情境的细节关注抽象掉,一定要全面考虑可能适用的个别刑罚导致的实际后果;(3)不能保证必然能够找到确定的答案,有时选择是不得不作出的,而不是出于确定的信念;(4)更不能保证必然能够找到正确的答案。

有人可能会说,你的方案还是要在报应、一般预防和特殊预防之间进行权衡,也会出现顾此失彼的情况。对此,我们的回答是,在个别刑罚适用中,报应、一般预防和特殊预防都是功能性要素,都对刑罚的适用有影响,但也都不决定刑罚如何适用。它们之间的冲突发生在思虑中,而不是发生在实践中。在刑罚适用的实践中,它们是统一的。

需要说明的是,我们提出的方案主要是从司法的层面来谈的,但是它同样适用立法层面。与司法不同,立法主要关注的是刑罚适用的一般情况,而不是个别刑罚适用的具体情况。立法者根据刑罚适用的一般情况大致划定个罪的刑罚的幅度,然后在总则中考虑可能出现的一些特殊情况。就前一种情况来说,报应与预防统一于立法者的一般经验中;就后一种情况来说,报应与预防共同被考虑,统一于立法实践中。